Friedrich Wilhelm Adolf Baethgen

Hiob

Deutsch mit kurzen Anmerkungen für Ungelehrte

Friedrich Wilhelm Adolf Baethgen

Hiob

Deutsch mit kurzen Anmerkungen für Ungelehrte

ISBN/EAN: 9783743608368

Hergestellt in Europa, USA, Kanada, Australien, Japan

Cover: Foto ©Lupo / pixelio.de

Manufactured and distributed by brebook publishing software (www.brebook.com)

Friedrich Wilhelm Adolf Baethgen

Hiob

Hiob.

Deutsch

mit kurzen Anmerkungen für Ungelehrte

von

Dr. Friedrich Baethgen

Professor der Theologie in Berlin.

Göttingen

Vandenhoeck & Ruprecht

1898.

Meinem

treuen Weibe.

Weihnachten 1897.

Vorwort.

Die Übersetzung einer Dichtung aus einer fremden Sprache kann nur dann annähernd denselben Genuß gewähren wie das Original, wenn die dichterische Form in der Übersetzung in irgend einer Weise nachgebildet ist. Die Form der hebräischen Poesie ist jedoch so eigenartig, daß sie sich im Deutschen nicht wiedergeben läßt, ohne entweder reine Prosa zu werden oder den Eindruck unnatürlicher Künstelei hervorzurufen. Für die Wechselreden zwischen Hiob und seinen Freunden ist der von unseren großen Dramatikern zur Herrschaft gebrachte Jambus die angemessenste Versform, obgleich das Hebräische ein Silbenmetrum nicht kennt. Daß daneben in gehobenen Stellen auch der Reim zur Anwendung gekommen ist, hat vereinzelt eine äußere Berechtigung an dem Vorgange des Originals. Im übrigen darf daran erinnert werden, daß ein Schiller bei der Übersetzung des zweiten und vierten Gesanges der Äneis sich in Bezug auf Metrum und Reim die allergrößten Freiheiten gestattet hat. Allerdings kann eine metrische Übersetzung keine wörtliche und buchstäbliche sein; es hat das aber den Vorteil, daß sie nun auch solchen Leuten verständlich wird, die das Studium des Hebräischen nicht zu ihrer Lebensaufgabe gemacht haben. —

Es ist mir eine liebe und zugleich trübe Pflicht, hier des Anteils zu gedenken, den ein treuer Freund, der allzu früh verstorbene Pastor Th. Andresen in Lübeck, an meiner Übersetzung hat. Er hat mir bei den Kapiteln 3—22. 38. 39, also etwa bei der Hälfte der Dichtung, für die Fassung des deutschen Ausdrucks im mündlichen und schriftlichen Verkehr wertvolle Hilfe geleistet, und bei vier bis fünf von jenen Kapiteln hat er den ersten Entwurf der Übersetzung geliefert. Manche glückliche Wendung verdanke ich seinem schönen Formentalent, und ich habe es bei der zweiten Hälfte meiner Übersetzung oft schmerzlich empfunden, daß ich den heimgegangenen Freund nicht um seine Meinung befragen konnte. —

Die Anmerkungen sollen dazu dienen, einzelne Ausdrücke, die dem nicht theologischen Leser nicht wohl verständlich sein können, oder auch schwierigere Gedankenzusammenhänge in aller Kürze aufzuhellen. Alles rein gelehrte, nur dem Theologen verständliche Material ist absichtlich beiseite gelassen.

Die in eckige Klammern [ ] eingeschlossenen Abschnitte der Übersetzung sind spätere Zusätze zu der Dichtung; Weiteres darüber in der Einleitung, die man übrigens erst dann lesen wolle, wenn man sich mit der Dichtung selbst vertraut gemacht hat. —

Wer den Dichter will verstehn,
Muß in Dichters Lande gehn;

dies Wort bezieht sich nicht ausschließlich auf die geographische Heimat des Dichters, sondern auf die gesamte geistige Sphäre, in der er gelebt hat. Der Dichter des Hiob muß das Leid, das er so ergreifend schildert, selbst in reichem Maße erfahren haben; und nur der wird die wunderbare Dichtung von Hiob nachempfinden und ganz verstehn, der selbst weiß, wie Leiden schmecken.

Bonn, den 17. November 1897.

Friedrich Baethgen.

Einleitung.

Der Dichter des „Hiob" hat die grausame Lehre überwunden, daß alles Leid des Menschen eine Folge seiner eigenen Sünde ist. Er hat diesen Sieg über eine lieblose Dogmatik in schwerem Kampf mit der hergebrachten Meinung und mit den eigenen Zweifeln gewonnen. Was er selbst durchgekämpft und errungen hat, das führt er uns vor in dem Redekampf zwischen Hiob und seinen drei Freunden und in den sich daran schließenden Reden Gottes. Dabei spricht aus Hiob, dem Helden der Dichtung, im allgemeinen der Dichter selbst, während die drei Freunde teils die hergebrachte Meinung der großen Menge, teils aber auch die Zweifel und Einwürfe vertreten, die der Dichter sich selbst macht. Die Erscheinung Gottes endlich bestätigt freilich ausdrücklich Hiobs Sieg über die landläufige Auffassung des Zusammenhanges von Sünde und Unglück; zugleich aber demütigt sie den Sieger durch den Nachweis, daß der Mensch, wenn er sich auch mit Recht gegen eine falsche Leidenstheorie auflehnt, doch nicht den Anspruch erheben darf, von dem allmächtigen und allweisen Herrn der Welt eine positive Aufklärung über den Grund seiner Leiden zu verlangen.[1]

Der Dichter hat sich bei der Behandlung seines Gegenstandes, ähnlich wie Goethe im „Faust", an eine alte Volkssage angeschlossen, deren Inhalt im sogenannten Prolog und Epilog, d. h. in den in Prosa geschriebenen erzählenden Stücken Kapitel 1, 2 und 42 vorliegt. Wir

---

[1] Über die Elihureden vgl. weiter unten.

erfahren hier, daß Hiob ein tadellos frommer Mann war, der von Gott, um ihn zu prüfen, auf Anreiz des Satan mit Plagen aller Art heimgesucht wurde, sich aber trotzdem nicht versündigte, richtiger über Gott urteilte als seine drei Freunde, die gekommen waren, um ihn zu trösten, und darum schließlich von Gott mit größeren Glücksgütern gesegnet wurde als er früher gehabt hatte.

Diese Erzählung ist ganz im naiven Ton gehalten in dem Sinne, wie Schiller dies Wort in einer bekannten Abhandlung gebraucht. Der Dichter begnügt sich damit, einfach die Thatsachen reden zu lassen, ohne auf den Eindruck, den sie auf ihn machen, zu reflektieren. Die trockene, eintönige Art, in der er von den furchtbaren Schicksalsschlägen Hiobs berichtet, ohne mit einer Silbe seine innere Teilnahme zu verraten, kann uns beinahe kalt und gefühllos erscheinen; und ebenso wird der moderne Leser bei der Erzählung von Hiobs wiederhergestelltem Glück vielleicht einen elegischen Hinweis auf die verstorbenen Kinder vermissen. Der Dichter aber hält es in seiner trockenen Wahrhaftigkeit und in seiner Vorliebe für das Reale für notwendiger, die Schaumünzen und goldenen Ringe nicht unerwähnt zu lassen, die Hiob von seinen lieben Verwandten bekam, als das Unglück vorüber war. Der Grund hierfür liegt darin, daß der Dichter völlig hinter sein Werk zurücktritt; „er ist das Werk, und das Werk ist er; man muß des ersteren schon nicht wert oder nicht mächtig oder schon satt sein, um nach ihm nur zu fragen".

In ganz anderem Ton sind die Wechselreden zwischen Hiob und seinen Freunden und die Reden Gottes gehalten, die zwischen Anfang und Schluß jener Erzählung stehen und den Hauptteil der Dichtung bilden. Schon äußerlich tritt der Unterschied in der Darstellungsform zu Tage. Auch die Erzählung ist freilich hochdramatisch, aber ihre Form ist einfache Prosa, weil das Hebräische für die erzählende Poesie keine von der Prosa verschiedene Darstellungsform hat. Die Reden dagegen sind streng nach den Gesetzen des sogenannten poetischen Parallelismus aufgebaut, welcher darin besteht, daß in der zweiten Hälfte eines Verses der in der ersten Hälfte ausgesprochene Gedanke wieder aufgenommen und in eigentümlicher Weise variiert wird, wie z. B.

Verloren sei der Tag, da ich geboren,
Die Nacht, die sprach: „Ein Knabe ist empfangen"!

Aber auch inhaltlich hebt sich der Dialog vom erzählenden Eingang und Schluß der Dichtung sehr merklich ab. Während der Dichter in der Erzählung durch die Mitteilung nackter Thatsachen wirkte, erreicht er seinen Erfolg in den Reden durch Ideen, durch Reflexionen über Thatsachen. Das Unglück des frommen Hiob wird hier zu einem Anlaß, über das Verhältnis von Glück und Würdigkeit im allgemeinen nachzudenken und zu disputieren. Warum wird gerade der Fromme so oft von den schwersten Leiden heimgesucht, während der Gottlose gedeiht und ihm alles gelingt? Indem der Dichter es unternahm, diese Fragen nicht in philosophischer Diskussion sondern in poetischer Form zu erörtern und, wenn möglich, zu beantworten, hat er ein Lehrgedicht geschaffen, das in der gesamten Weltlitteratur einzigartig dasteht. Das gilt nicht bloß vom Inhalt, sondern auch von der poetischen Form. Die mit einem Lehrgedicht in poetischer Beziehung verbundene Gefahr liegt darin, daß der Dichter, indem er sich mehr von der Fülle seiner Ideen als von poetischer Begeisterung treiben läßt, kein wahres Kunstwerk schafft, sondern nur eine in poetische Form gegossene abstraktphilosophische Abhandlung. Ein bloßes Spiel des Geistes ohne konkreten Gegenstand und ohne plastische Gestalten kann keine wahre Dichtung werden. Das Gedicht von Hiob ist jener Gefahr — wenn man die

Elihureden, die der Dichtung ursprünglich fremd sind, ausnimmt — an keiner einzigen Stelle erlegen. Hier ist nirgends reine Abstraktion, sondern überall ist es das konkrete vielgestaltige Leben, an dem der Dichter sein Problem veranschaulicht, und in gewaltiger Phantasie führt er den Leser vom Himmel durch die Welt zur Hölle. Von diesem Gesichtspunkt aus ist der Abstand zwischen Prolog und Dialog doch nicht so groß, wie es auf den ersten Blick scheint. Ganz verkehrt aber wäre es, aus der immerhin anzuerkennenden Verschieden= heit der in beiden Teilen der Dichtung zur Anwendung gekommenen Dichtungsgattungen auf eine Verschiedenheit der Verfasser zu schließen; denn „nicht nur in demselben Dichter, auch in demselben Werke trifft man häufig beide Gattungen vereinigt an . . ., und dergleichen Produkte werden immer den größten Effekt machen." (Schiller.) —

Bei der Behandlung seines Problems — das Unglück der Frommen und Rechtschaffenen — läßt der Dichter die drei Freunde Hiobs einfach leugnen, daß ein solches Problem wirklich bestehe. Sie behaupten: dem Frommen geht es gut, dem Bösen schlecht; und wenn einmal das Unglück über den Frommen hereinbricht, so ist dies ein Beweis dafür, daß auch er durchaus nicht frei von Sünden ist, ja sich wohl gar im geheimen schwerer Vergehen schuldig gemacht hat. Dies ist zu allen Zeiten die Meinung der großen Menge gewesen; deswegen hat ihr der Dichter in den drei Freunden mehrere Vertreter gegeben. Sie stehen alle drei auf demselben Stand= punkt; sachlich weichen ihre Ausführungen kaum von einander ab, und ihre Reden haben infolgedessen etwas Eintöniges. Nur die Form, in der sie ihre Ansicht vertreten, ist verschieden. Sie sind, wie Elihu hervor= hebt, alle drei Greise, aber ihre Temperamente sind verschieden. Eliphas, der älteste, ein gottesfürchtiger und strenggläubiger Mann, ist der würdigste und besonnenste, und seine Reden, besonders die erste, enthalten schöne und beherzigenswerte Gedanken. Bildad ist viel geistesärmer; er liebt es, versteckte Hiebe auszuteilen. Zophar endlich ist ein keifender Greis, der seinen Eifer für Gottes Ehre durch besonders kräftige und unedle Ausdrücke meint bethätigen zu sollen.

Eine weitere Verminderung der Eintönigkeit in den Reden der Freunde und zugleich einen dramatischen Fortschritt erreicht der Dichter dadurch, daß er sie ihre Anklagen gegen Hiob anfangs nur verhüllt, dann aber im weiteren Verlaufe des Gesprächs immer deutlicher aussprechen läßt. Selbst der besonnene und zuerst so wohlwollende Eliphas spricht in seiner dritten Rede die lieblosesten und zugleich unwahrsten Beschuldigungen gegen Hiob aus. Der vermeintliche Trotz des Dulders läßt den anfangs so sympathischen Tröster fast auf die Stufe eines Zophar herabsinken.

Was Hiob betrifft, so ist sein Leiden ein dreifaches. Zuerst hat er den Verlust seiner gesamten Habe und seiner Kinder zu beklagen, und er selbst wird mit der furchtbarsten Krankheit des Orients, dem Aussatz, geschlagen. Er trägt dies Leid mit musterhafter Geduld. Erst als die Freunde sieben Tage und sieben Nächte bei ihm gewesen sind, ohne ein Wort des Trostes für ihn zu haben, bricht der bis dahin zurückgehaltene Unmut mit einer nun allerdings um so größeren Gewalt hervor. Hiob hat damit die Freunde zum Reden veranlaßt; aber sie bieten ihm nicht das, was er erwarten und verlangen konnte; sie bieten ihm keinen Trost in seinen furchtbaren Leiden, sondern sie lassen ihn statt dessen mehr oder minder versteckte Vorwürfe hören. Ihre Freundschaft erweist sich als unzuverlässig in der Zeit der Not; sie haben ihm die Treue gebrochen, ja sie verleumden ihn, den Frommen, indem sie ihn grober Sünden beschuldigen, die er nie begangen hat. So hat er neben seinen früheren Verlusten auch den seiner

Freunde zu beklagen. Das aber, woran er am schwersten trägt, ist der Gedanke, daß auch Gott ihn verlassen hat, ja ihn grundlos befehdet und grausam verfolgt. Dieser Gedanke reißt ihn anfangs zu leidenschaftlichen Äußerungen über die Verkehrtheit des göttlichen Waltens in der Menschengeschichte hin, Äußerungen, die mehrfach dicht an die Grenze der Lästerung reichen. Nie, auch nicht in den heftigsten Seelenkämpfen, kommt Hiob der Gedanke, an der Existenz Gottes zu zweifeln; aber der Gott, den er sich in seinen furchtbaren Qualen Leibes und der Seele ausmalt, ist ein grausamer Tyrann, der, wenn er jählings seine Todesgeißel schwingt, nur ein Lachen hat, ob auch ein schuldlos Herz verzweifelt. Ein kalter Schauder überläuft Hiob, wenn er an den Lauf der Welt denkt, der jede sittliche Ordnung vermissen läßt:

> Der eine stirbt im Vollbesitz des Glücks,
> Vollkommen wohlgemut und sorgenfrei.
> Der andre stirbt in bitterm Herzeleid,
> Ohn' daß er je vom Glück gekostet hätte.

Diese Unverständlichkeit des göttlichen Waltens ist wie Hiob es ausdrücklich hervorhebt, sein schwerstes Leid, und sie ist es besonders, die ihm die kühnen, ja trotzigen Anklagen gegen Gott entlockt. Und doch kommt zwischen diesen Anklagen immer wieder seine unaustilgbare Sehnsucht nach Gott in den rührendsten Worten zum Ausdruck. Er wollte gern geduldig seine Leiden tragen, wollte gern sterben, wenn Gott ihn, den jetzt grausam Verfolgten, nach dem Tode gnädig aufnehmen wollte. Diese Aussicht, die eine Lösung des ganzen Problems bieten würde, wird merkwürdigerweise vom Dichter abgewiesen. Sie taucht dann noch einmal wieder auf, und in fast schwärmerischer Verzückung malt Hiob sich aus, wie er, befreit von seinem gebrechlichen Körper, nach seinem Tode Gott als den Wiederhersteller seiner Ehre und als seinen Freund schauen wird. Aber auch diese Stelle hat der Dichter nicht zur Lösung des Knotens verwendet; sie leuchtet nur wie ein Blitz durch den dunkeln Himmel der Leidensnacht. Dagegen sind diese und ähnliche Stellen von der größten Bedeutung für die weitere Entwickelung der Gemütsstimmung Hiobs. Er kann das Walten Gottes nicht begreifen, und doch hebt sich sein thränenfeuchter Blick wieder zu Gott empor, nachdem seine Freunde ihn treulos verlassen haben. Er hat es jetzt gelernt zu unterscheiden zwischen dem Gott, der ihm sein Recht vorenthält, und dem, der der einzige Zeuge und Bürge seiner Unschuld ist; mit anderen Worten: aus dem alten Gottesbegriff, wonach Gott ein grausamer Tyrann ist, ringt sich der geläuterte neue Glaube an Gott als den Rächer der Unschuld und Wahrheit siegreich empor. Damit ist freilich die Frage, weshalb Hiob leidet, weshalb die Frommen leiden und die Gottlosen gedeihen, nicht gelöst, und Hiob selbst hebt bereits in einer von Sarkasmus nicht freien Ausführung hervor, daß Gott die „Weisheit" für sich selbst zurückbehalten, dem Menschen aber vorenthalten habe. Aber im allgemeinen ist seine Stimmung am Ende des Redekampfes doch eine weit ruhigere geworden, und wenn auch die Klage in seiner großen Schlußrede noch einen breiten Raum einnimmt, so ist doch der titanenhafte Trotz verstummt; der Dulder singt nur noch ein Trauerlied zum Klange seiner Zither. Nur zu allerletzt bäumt sich die Empörung über das erlittene Unrecht noch einmal auf, und in kühnem Trotz fordert Hiob Gott heraus zu erscheinen und seine Rechtfertigung anzuhören.

Und Gott erscheint. Natürlich nicht, weil er Hiobs Drängen hätte nachgeben müssen; auch nicht, um den kühnen Ankläger Gottes im Wetter zu vernichten. Sondern die Erscheinung ist, wenn sie den Tadler auch tief demütigt, doch ein Ausfluß der Gnade Gottes, der das Sehnen seines Knechtes stillen will. Allerdings läßt der Dichter auch durch Gott das Problem der Dichtung nicht eigentlich lösen, ein Beweis dafür, daß er selbst der Ansicht gewesen ist, eine völlig befriedigende Erklärung des Leids sei dem Menschen versagt. Er hat mit unserem größten deutschen Dichter die Meinung geteilt, daß es nicht sowohl die Aufgabe ist die Probleme zu lösen, als vielmehr sie zu umgrenzen. Den alten Wahn, daß alles Leid des Menschen eine Folge seiner Sünde ist, hat er definitiv überwunden. Wird aber die Frage aufgeworfen: woher und wozu denn das Leid? — so fordert er, daß man das Vertrauen habe, der Gott, der in der Natur alles so wunderbar geordnet hat, werde auch das Schicksal des Menschen weise leiten, auch dann, wenn es dem Menschen selbst unverständlich und unbegreiflich ist.

Man könnte vielleicht meinen, daß eine vollständigere Lösung des Problems im Prolog gegeben sei, wo Hiobs Leiden unter dem Gesichtspunkt des Prüfungs- oder Bewährungs-Leidens erscheint. Man müßte dann annehmen, daß der Dichter den Leser von Anfang an durch das Gespräch zwischen dem Herrn und dem Satan über den Grund von Hiobs Leiden habe orientieren wollen, während Hiob selbst nichts von diesem Grunde wissen durfte, da es ihm nicht schwer geworden sein würde, Geduld zu üben, wenn er von vorn herein gewußt hätte, weswegen ihn alle die Leiden trafen. Allein dieser Annahme stehen doch sehr starke Bedenken gegenüber. Man müßte dann auch aus der Schlußerzählung von Hiobs wiederhergestelltem Glück die Folgerung ziehen, daß nach der Meinung des Dichters der leidende Fromme regelmäßig von Gott wieder in sein Glück eingesetzt werde. Und doch ist das gewiß nicht die Meinung des Dichters, der seinen Helden einen so energischen Protest gegen die Verheißungen der Freunde von einer lachenden Zukunft einlegen läßt. Der Dichter wird also hier einfach herübergenommen

haben, was die Volkssage erzählte. Im eigentlichen
Widerspruch mit seinen Ausführungen stehen diese Züge
der Sage nicht; denn auch der Dichter leugnet nicht
die Möglichkeit des Prüfungsleidens und die Wieder=
herstellung des Glückes der Frommen; aber er würde
nie zugeben, daß beides die Regel ist.
Von hier aus erklärt sich nun auch, wofür Hiob
am Schluß in Staub und Asche Buße thut, obgleich
ihm ausdrücklich bezeugt wird, daß er richtiger über
Gott gesprochen habe als die drei Freunde. Es ist
nicht ausschließlich und nicht in erster Linie der kühne,
ja trotzige Ton, den Hiob mehrfach Gott gegenüber
angeschlagen hatte, — „Was die Verzweiflung spricht,
verfliegt im Wind". Noch weniger aber kann er das
zurücknehmen, was er immer wieder über seine Schuld=
losigkeit gesagt hat; er kann, indem er sich Gott unter=
wirft, nicht sein gutes Gewissen, seine sittliche Ehre als
Opfer bringen. Vielmehr giebt er selbst den Grund
und die Beziehung seines Widerrufs an mit den Worten:
Von Hörensagen warst du mir vertraut,
Nun aber hat mein Auge dich geschaut!

Er kannte Gott bis dahin nur so, wie er ihn aus
der orthodoxen Dogmatik oder auch aus dem alten
Volksglauben kennen gelernt hatte. Der letztere aber
stellte sich Gott vielfach als einen grausamen und will=
kürlichen Tyrannen vor. Diese an mehreren Stellen
von Hiob geteilte falsche Auffassung des Wesens Gottes
ist es, die er jetzt widerruft, nachdem er Gott von
Angesicht zu Angesicht geschaut hat, wie er wirklich ist;
mit anderen Worten: Hiob widerruft seine Zweifel an
der sittlichen Weltordnung. Daß er trotzdem in der
Hauptfrage, um die sich die ganze Dichtung dreht,
richtiger über Gott gesprochen hat als die Freunde,
insofern er nicht anerkennen konnte, daß sein Leiden
eine Strafe Gottes für seine Sünden sei, wird durch
jenen Widerruf nicht berührt. —

Der Dichter hat, wahrscheinlich im Anschluß an die Volkssage, den Schauplatz seiner Dichtung in außerisraelitisches Gebiet verlegt und läßt die Ereignisse sich in jenen alten Zeiten abspielen, als die Menschen noch bis zu zweihundert Jahr alt wurden. Hiobs Heimat, das Land Uuß, lag östlich von Palästina an der Grenze der großen syrisch-arabischen Wüste, und hing eng zusammen mit dem seiner Weisheit wegen berühmten Edom, woher Eliphas stammte. Es scheint, daß der Dichter in den Gesprächen Hiobs mit seinen Freunden auch den Dialekt nachgeahmt hat, der in jenen Gegenden gesprochen wurde; die große Menge von arabischen und aramäischen (syrischen) Ausdrücken und Wendungen des Buches Hiob, die sich in keinem anderen alttestamentlichen Buch wiederfindet, erklärt sich nur bei dieser Annahme befriedigend. Diese Wahl der Scene wurde im Kindesalter der Kritik der Anlaß zu der Vermutung, der Dichter wäre ein Araber oder Edomit gewesen. In Wirklichkeit ist fast jede Zeile der Dichtung das Erzeugnis eines echt israelitischen Geistes. So konnten z. B. die herrlichen, in Kapitel 31 ausgesprochenen sittlichen Grundsätze nirgends aufgestellt werden als in Israel, wo ein den Glauben anderer semitischer Völker unendlich weit überragender Gottesglaube seit alter Zeit heimisch war.

Der Name des Dichters ist vergessen. Die kulturgeschichtlichen Anspielungen und die religiösen Ideen seiner Dichtung zeigen, daß er in einer späteren Periode der israelitischen Geschichte gelebt hat. Wie es scheint, hat er den Zusammenbruch des israelitischen Staates, die Fortführung des Königs, des Adels und der Priester in die Gefangenschaft selbst mit angesehen; er würde darnach seine Dichtung bald nach 600 vor Chr. geschaffen haben. Die furchtbaren Schicksalsschläge, die damals über Israel hereinbrachen, spiegeln sich auch an manchen anderen Stellen des Buches wieder. —

Daß ein etwa zwei und einhalb Jahrtausende altes Kunstwerk nicht ganz in seiner ursprünglichen Gestalt auf uns gekommen ist, kann nicht Wunder nehmen. Das Buch Hiob hat einzelne Lücken, und anderseits mehrere Ergänzungen, die dem ursprünglichen Gedicht fremd sind, ja teilweise seiner Idee widersprechen. Endlich sind bei der Vervielfältigung des Buches hin und wieder Fehler unterlaufen, die auch der sorgfältigste Abschreiber nicht ganz vermeiden kann. Alle diese Veränderungen des ursprünglichen Gedichts fallen in das erste halbe Jahrtausend seines Bestehens; zur Zeit Christi hatte es wesentlich dieselbe Gestalt, in der wir es heute lesen.

Eine Lücke liegt in Hiobs Rede Kapitel 27 (S. 59) vor. Er sagt hier, er wolle die Freunde über Gottes Verhalten gegenüber dem Frevler belehren; sie selbst haben's ja gesehn, darum sollen sie sich nicht eitlem Wahn hingeben, d. h. sie sollen nicht aus Liebe zu ihrer Theorie ihre Augen vor den offenkundigen Thatsachen verschließen. Dieser eitle Wahn ist nach dem Zusammenhang und nach der überall in der Dichtung von Hiob vertretenen Ansicht die Behauptung der Freunde, daß Gott die Sünder ein Ende mit Schrecken nehmen läßt. Wenn Hiob die Freunde belehren, ihre falsche Ansicht berichtigen wollte, so kann er nur nachgewiesen haben, daß Gott es gerade den Frevlern besonders gut gehen läßt. Aber dieser Nachweis fehlt im jetzigen Text. Die starken Farben, die Hiob gerade hier am Schluß der Wechselreden in der Schilderung des Glückes der Frevler aufgetragen haben wird, mögen einem alten Leser mit der Ehrfurcht vor Gott unvereinbar erschienen sein. Er strich daher die Schilderung des Glückes der Frevler und füllte die so entstandene Lücke mit einer Schilderung ihres schrecklichen Loses aus; vgl. S. 59 Anm. 2, S. 60 Anm. 1, S. 61 Anm. 6.

Auch in der Rede Hiobs Kapitel 24 (S. 56) finden

sich Ausführungen, die mit dem sonst von ihm vertretenen Standpunkte in direktem Widerspruch stehen und daher vom Dichter seinem Helden nicht in den Mund gelegt sein können; vgl. hierüber S. 56 Anm. 1 und 4.

Eine umfangreiche aber wenig wertvolle Erweiterung des ursprünglichen Kunstwerks liegt in den Reden Elihus (Kapitel 32—37, S. 71—85) vor. Bereits einzelne Kirchenväter nennen Elihu einen eitlen Schwätzer, und der unbefangene Leser wird sich nur schwer dem Eindruck entziehen können, daß dies Urteil durchaus gerechtfertigt ist. Schon die über mehr als ein Kapitel sich erstreckende Einleitung zu seinen Reden zeigt, welche Freude er am Wortemachen hat. Immer und immer wieder kündigt er an, daß er reden will, und der Leser atmet erleichtert auf, als der Redner endlich bei seinem Thema angekommen ist.[1]) Er affektiert große Bescheidenheit, ist aber in Wirklichkeit in hohem Maße von sich eingenommen, und seine salbungsvolle Freundlichkeit ist gelegentlich geradezu anmaßend. Immer wieder spricht er von seinem Wissen und ist so aufgeblasen, daß er nach eigenem Geständnis platzen möchte. Dabei bringt er kaum einen neuen Gedanken vor trotz seines Versprechens, Hiob mit wirksameren Gründen bekämpfen zu wollen, als die Freunde es gethan haben. Was er über den erziehenden Wert der Leiden und über die Gerechtigkeit Gottes sagt, ist nicht wesentlich verschieden von dem, was die Freunde hierüber vorgetragen haben, und die von Elihu gegebene Schilderung der Erhabenheit Gottes hat ihr — freilich unendlich viel wirksameres — Gegenstück in den Reden

---

[1]) Elihus Geschwätzigkeit wird dadurch nicht erträglicher, daß man ein paar besonders banale Phrasen für spätere Zusätze erklärt, abgesehen davon, daß solches Verfahren durchaus unerlaubt ist.

Gottes selbst und in einigen Reden Hiobs und der drei Freunde.

Warum hat der Dichter des Hiob — wenn die Reden Elihus wirklich von ihm stammen sollten — diese so wenig sympathische Figur eingeführt? Völlig unmöglich ist die Annahme, daß er seine eigene Meinung durch den Mund Elihus habe verkünden wollen. Denn ein Dichter, der die titanenhafte Figur des Hiob geschaffen hat, und der diesen Titanen zu Boden streckt durch die majestätische Ironie des erhabenen und allgewaltigen Gottes, ein solcher Dichter kann die Lösung des von ihm behandelten Problems nicht durch einen eitlen Schwätzer vortragen lassen. So hat der Dichter denn, indem er die Figur des Elihu schuf, vielleicht seinem Helden Hiob eine letzte Plage erstehen lassen wollen? Man müßte dies annehmen, wenn er wirklich diese Reden verfaßt hätte. Aber ein solcher Griff des Dichters wäre nicht glücklich gewesen. Denn Hiob hätte sich über den fatalen Schwätzer wohl ärgern können, aber dieser Ärger hätte bei weitem nicht an die schweren äußeren und inneren Prüfungen gereicht, die der Dulder bereits zu bestehen gehabt hatte.

So bleibt nur die Annahme übrig, daß die Figur des Elihu nicht vom Dichter des Hiob stammt, und diese Annahme wird durch andere Anzeichen bestätigt. Das wichtigste ist das Schweigen des Dichters über Elihu im Prolog und besonders im Epilog. Im letzteren wird Hiob von Gott gelobt, die drei Freunde getadelt, Elihu aber wird mit keinem Wort erwähnt. Und doch hätte er, wenn er wirklich das Problem der Dichtung gelöst hätte, hohes Lob verdient, wenn er aber mit seinen Reden Hiob nur ärgern wollte, strengen Tadel. Das völlige Schweigen des Dichters ist allein ein vollgültiger Beweis dafür, daß er einem Elihu in seinem Gedicht keine Rolle zugewiesen hat. Diese Figur ist daher von einem späteren Dichter geschaffen, der in den von ihm verfaßten Elihureden eine vollständigere Lösung als der Dichter des ursprünglichen Werkes glaubte geben zu können. In Wirklichkeit erscheint der Epigone, der den Meister korrigieren wollte, neben diesem unendlich klein.

Ein anderer nachträglicher Einschub in die Dichtung ist wohl die Schilderung des Nilpferdes und des Krokodils Kapitel 40 und 41 (S. 92—96). Allerdings enthalten diese Schilderungen inhaltlich nichts, was mit der Dichtung im Widerspruch stände; aber formale Gründe machen es so gut wie sicher, daß sie nicht von dem alten Dichter herrühren. Schon der Umstand, daß diese beiden Tierbilder von den übrigen getrennt sind, daß sie sehr abrupt auftreten und in keinem Zusammenhange stehen mit dem, was vorhergeht und was folgt, spricht gegen ihre Ursprünglichkeit. Dazu unterscheidet sich die Schilderung sehr wesentlich von der der anderen Tiere. Denn während der Dichter den Wildesel, den Auerochsen, den Strauß, das Schlachtroß u. s. w. mit wenigen aber äußerst markanten Strichen zeichnet, ergeht sich die Schilderung des Nilpferdes und Krokodils in behaglichster Breite, ja teilweise in ermüdender Weitschweifigkeit. Auch hier darf zur Bestätigung an das eigene Urteil des Lesers appelliert werden.

Es war einmal ein Mann im Lande Uuß¹) mit Namen Hiob. Der war fromm und rechtschaffen, gottesfürchtig und dem Bösen feind. Sieben Söhne und drei Töchter waren ihm geboren, und seine Herden zählten siebentausend Schafe, dreitausend Kamele, fünfhundert Joch Rinder und fünfhundert Eselinnen; dazu hatte er ein sehr zahlreiches Gesinde. Und so war dieser Mann der angesehenste unter allen Leuten des Ostens.²)

Nun pflegten seine Söhne der Reihe nach im Hause eines jeden ein festliches Mahl zu veranstalten und luden dann auch ihre drei Schwestern ein, mit ihnen zu essen und zu trinken.³) Wenn dann diese Gelage die Runde gemacht hatten, ließ Hiob ihnen sagen, sie möchten sich weihen⁴); dann machte er sich früh

---

¹) Das Land Uuß lag östlich von Palästina an der Grenze der syrisch-arabischen Wüste; vgl. die Einleitung.

²) Die Leute des Ostens sind die Bewohner des oben genannten Landes Uuß.

³) Hiobs Kinder, die in schönster Eintracht miteinander lebten, waren infolge des Reichtums ihres Vaters so gestellt, daß sie alle Tage herrlich und in Freuden leben konnten. Der Vater aber war stets darauf aus, die mit solchem Wohlleben verbundenen Gefahren rechtzeitig abzuwenden.

⁴) Das Weihen bestand in Reinigungen, Waschungen und anderen Ceremonien, durch welche die Geweihten fähig gemacht wurden, im Opfer selbst mit der Gottheit in Verbindung zu treten.

morgens auf und brachte für jeden von ihnen ein Brandopfer dar. Denn Hiob dachte: Vielleicht haben meine Kinder sich versündigt und in Gedanken Gott gesegnet.¹) So machte es Hiob regelmäßig.

Da kam der Tag, an dem die Gottessöhne²) sich vor dem Herrn zum Dienste stellten, und auch der Satan erschien in ihrer Mitte. Da fragte der Herr den Satan: Von woher kommst du? Der Satan antwortete dem Herrn: Ich habe einen Streifzug auf die Erde gemacht und sie durchpilgert. Der Herr sprach: Hast du wohl acht gegeben auf meinen Knecht Hiob? Denn wie ihn giebt es keinen auf der Erde, so fromm und rechtschaffen, so gottesfürchtig und dem Bösen feind. Der Satan erwiderte: Ist Hiob etwa umsonst gottesfürchtig? Hast du nicht ihn und sein Haus und alles, was ihm gehört, ringsum eingehegt? Seiner Hände Arbeit hast du gesegnet und seine Herden brechen aus

---

¹) Gott segnen heißt hier soviel wie Gott lästern. Aus Ehrfurcht vor Gott vermeidet der Erzähler, den letzteren Ausdruck zu gebrauchen. Dergleichen läßt sich der Gebrauch des Wortes „Segen" in manchen Gegenden Deutschlands für „Strafpredigt". In der Weinlaune kommen leicht allerlei gotteslästerliche Gedanken. Hiob fürchtet, daß auch seine Kinder dieser Gefahr vielleicht ausgesetzt gewesen oder erlegen sind, und sucht durch ein Opfer die schlimmen Folgen abzuwenden.

²) Die höheren Geisteswesen, genauer: göttlichen Wesen (Engel), zu denen auch der Satan gehört. Dieser letztere Name bedeutet Gegner oder Ankläger. Das Geschäft des Verklagens besorgt der Satan auch in Bezug auf Hiob, und augenscheinlich hat er daran eine „satanische" Freude. Auch die frechen Antworten, die er dem Herrn giebt, sind bezeichnend für seinen Charakter. Trotzdem aber ist er von Gott unbedingt abhängig, kann ohne dessen Willen nichts thun und stellt sich zu seinem Dienste ein wie die übrigen Himmlischen.

in das Land hinein.¹) Aber recke nur einmal deinen
Arm aus und triff alles, was ihm gehört, ich wette,
er schleudert dir den Segen ins Gesicht.²) Da sagte der
Herr zum Satan: Gut, alles, was ihm gehört, sei dir
übergeben; nur ihn selbst rühre nicht an! Und der
Satan ging fort vom Angesicht des Herrn.

Da an dem Tage, als seine Söhne und Töchter
im Hause ihres ältesten Bruders schmausten und tranken,
kam ein Bote zu Hiob mit der Meldung: Die Rinder
waren am Pflügen und die Eselinnen weideten daneben,
da brachen die Sabäer³) herein und raubten sie, und
die Knechte haben sie mit dem Schwert niedergehauen;
nur ich allein bin entronnen, dir's zu melden. Noch
redete dieser, da kam schon ein anderer und sagte:
Ein Gottesfeuer⁴) ist vom Himmel gefallen und hat die
Schafe und Knechte verbrannt und verzehrt, und nur
ich allein bin entronnen, dir's zu melden. Noch
redete dieser, da kam schon ein anderer und sagte:
Die Chaldäer⁵) haben drei Haufen aufgestellt, die
Kamele umschwärmt und geraubt und die Knechte
mit dem Schwerte niedergehauen, und nur ich allein
bin entronnen, dir's zu melden. Noch redete
dieser, da kam schon ein anderer und sagte: Deine
Söhne und Töchter schmausten und tranken Wein im

---

¹) Die Herden sind so zahlreich geworden, daß sie Zäune
und Hürden durchbrechen, weil sie ihnen zu eng geworden sind,
und das Land überschwemmen.
²) Den Fluch; f. Anm. 1, S. 2.
³) Die Sabäer sind hier nicht das reiche Handelsvolk tief
im Süden, im sogenannten glücklichen Arabien, sondern ein
räuberischer Stamm im wüsten Arabien östlich von Hiobs Wohnsitz.
⁴) Der Blitz, der in die Herde fährt.
⁵) Gemeint sind räuberische chaldäische Horden, die an der
Grenze des wüsten Arabiens hausten.

Hause ihres ältesten Bruders, da kam plötzlich ein gewaltiger Sturmwind über die Wüste herüber und faßte das Haus an seinen vier Ecken, daß es auf die jungen Leute stürzte und sie starben; und nur ich allein bin entronnen, dir's zu melden.

Da stand Hiob auf, zerriß sein Gewand und schor sein Haupt; dann warf er sich auf die Erde nieder, berührte mit der Stirn den Boden[1]) und sprach:

Nackt bin ich aus der Mutter Leib gekommen,
Nackt bin ich auch dorthin[2]) zurückgewiesen;
Gott hat's gegeben, Gott hat's auch genommen,
Der Name meines Gottes sei gepriesen.

In alledem versündigte sich Hiob nicht und sagte nichts Unziemliches gegen Gott.

Da kam wieder der Tag, an dem die Gottessöhne sich vor dem Herrn zum Dienste stellten, und auch der Satan erschien in ihrer Mitte zum Dienste vor dem Herrn. Da fragte der Herr den Satan: Von woher kommst du? Der Satan antwortete dem Herrn: Ich habe einen Streifzug auf die Erde gemacht und sie durchpilgert. Der Herr sprach: Hast du wohl acht gegeben auf meinen Knecht Hiob? Denn wie ihn giebt es keinen auf der Erde, so fromm und rechtschaffen, so

---

[1]) Das Zerreißen des Kleides und das Scheren des Hauptes ist Zeichen der Trauer; das Niederwerfen Zeichen demütiger Ergebung in den Willen Gottes. Ebenso wirft sich der Unterthan vor dem Herrscher in den Staub.

[2]) Der Dichter gebraucht den Ausdruck Mutterleib das erstemal im eigentlichen, das zweitemal („dorthin") im übertragenen Sinne vom Mutterschoß der Erde, zu dem alle Menschen einst zurückkehren müssen. Umgekehrt nennt der Dichter von Psalm 139,15 den Mutterschoß, in dem das Kind entsteht, das Innerste der Erde.

gottesfürchtig und dem Bösen feind. Er hält noch immer fest an seiner Frömmigkeit, und du hast mich verleitet, ihn ohne Grund ins Verderben zu stürzen. Der Satan erwiderte dem Herrn: Eine Liebe ist der andern wert![1]) Und alles, was der Mensch hat, giebt er für sein Leben hin. Aber recke nur einmal deinen Arm aus und triff sein Fleisch und Bein, ich wette, er schleudert dir den Segen ins Gesicht! Da sagte der Herr zum Satan: Gut, er sei dir übergeben; nur schone sein Leben.

Da ging der Satan fort vom Angesicht des Herrn und schlug Hiob mit bösem Geschwür[2]) vom Scheitel bis zur Sohle. Der nahm sich eine Scherbe, um sich damit zu kratzen[3]), und saß dabei auf dem Aschenhaufen.[4]) Da sprach sein Weib zu ihm: Noch immer

---

[1]) Wörtlich: „Haut für Haut", ein Sprichwort ebenso drastisch und daher vom Satan gebraucht wie das deutsche „Wurst wider Wurst". Der Sinn wird der in der Übersetzung ausgedrückte sein. Umschreibend würde der Satan etwa sagen: Wenn du ihm den Pelz nicht naß machst, läßt er auch dich ungeschoren.

[2]) Hiobs Krankheit war der Aussatz, bei welchem Geschwür an Geschwür den ganzen Körper bedeckt und die Glieder anschwellen und stückweise abfallen. Hiob selbst schildert die furchtbaren Leiden, die diese schreckliche Krankheit mit sich bringt, an verschiedenen Stellen, vgl. besonders 7,4. 5; 18,13; 19,17. 20; 30,10. 17—19. 27—30.

[3]) Im Anfangsstadium des Aussatzes wird der Kranke von einem unerträglichen Jucken gequält. Da die Finger nicht fest genug zugreifen beim Kratzen, nimmt er eine Scherbe oder dergleichen.

[4]) In der Asche sitzen sonst die Trauernden; doch haben an unserer Stelle schon die alten Übersetzer an den vor dem Dorfe gelegenen Aschen- und Misthaufen gedacht, auf welchem die Aussätzigen einem mosaischen Gesetz entsprechend (3. Mos. 13,46) ihren Aufenthalt nahmen.

hältst du fest an deiner Frömmigkeit? Preise Gott und stirb.[1]) Er aber sprach zu ihr: Du redest wie ein thörichtes Weib redet; nehmen wir das Gute von Gott an, sollten wir da nicht auch das Böse annehmen? In alledem versündigte sich Hiob nicht mit seinen Lippen.

Da hörten die drei Freunde Hiobs von all diesem Unglück, das ihn betroffen hatte, und machten sich auf, ein jeder von seinem Wohnsitz: Eliphas von Theman[2]), Bildad von Schuach und Zophar von Naama, und verabredeten sich miteinander, hinzugehen, um ihm ihr Beileid zu bezeugen und ihn zu trösten. Als sie nun in einiger Entfernung die Augen aufschlugen, erkannten sie ihn nicht wieder. Da fingen sie an laut zu weinen, zerrissen ihr Gewand und warfen Staub gen Himmel auf ihr Haupt.[3]) Dann setzten sie sich zu ihm auf die Erde sieben Tage und sieben Nächte[4]); aber keiner

---

[1]) In bitterer Ironie fordert Hiobs Weib ihn auf, Gott ein Loblied zu singen für alles, was er an ihm gethan, und dann zu sterben, da ihm ja nichts anderes übrigbleibe. Sie spielt damit an auf Hiobs Worte 1,2 „Der Name meines Gottes sei gepriesen".

[2]) Eliphas stammt aus der edomitischen Stadt Theman, deren Bewohner durch ihre Weisheit weithin berühmt waren. Schuach, woher Bildad stammt, ist der Name eines halbarabischen Stammes im wüsten Arabien. Zophars Heimat Naama kann nicht die im Stamme Juda gelegene gleichnamige Stadt sein, da diese vom Schauplatz der Ereignisse zu weit entfernt lag. Der Name, welcher „die Schöne" bedeutet, eignete mehreren Städten; welches Naama gemeint ist, läßt sich nicht angeben.

[3]) Zeichen der Trauer. Daß der Staub von oben herabfällt, deutet darauf hin, daß die Veranlassung zur Trauer vom Himmel gekommen ist.

[4]) Die gewöhnliche Trauerzeit bei den Hebräern.

redete ein Wort mit ihm, denn sie sahen, daß der Schmerz zu groß war.

Endlich öffnete Hiob den Mund und verfluchte den Tag seiner Geburt.

Und Hiob hub zu reden also an:

Verloren sei der Tag, da ich geboren,
Die Nacht, die sprach: „Ein Knabe ist empfangen"![1])
Der Tag versink' in tiefste Finsternis,
Und Gott dort oben frage nie nach ihm,
Kein Strahl des Lichtes treff' ihn jemals wieder!
Das Dunkel lös' ihn ein, der Todesschatten[2]),
Und auf ihm lag're sich ein Berg von Wolken,
Daß er in lichtlos banger Qual vergeh'! —

Und jene Nacht[3]) — sie sei ein Raub des Dunkels
Sie fehle in der Jahrestage Reigen
Und kehre in der Monde Zahl nie wieder!
Ja, diese Nacht — unfruchtbar[4]) soll sie werden,
Kein Jubelruf soll je in ihr erschallen;
Verwünschen sollen sie die Tagbeschwörer,
Die über grimmer Drachen Wut gebieten.[5])

[1]) Hiob verflucht den Tag seiner Geburt und, weiter zurückgehend, die Nacht seiner Empfängnis. Im folgenden wird zuerst die Verfluchung des Tages, dann die der Nacht weiter ausgeführt.

[2]) Der Tag, der aus Dunkel und Todesschatten geboren wird, ist gewissermaßen deren Eigentum; sie haben ein bleibendes Anrecht an ihn und dürfen ihn unter Umständen zurückfordern, oder, nach dem technischen Ausdruck im Hebräischen „einlösen".

[3]) Die Nacht der Empfängnis.

[4]) Nie soll ein Kind in ihr empfangen oder geboren werden, und demgemäß nie der Jubel über die Geburt eines Kindes in ihr erschallen.

[5]) Tagbeschwörer sind Zauberer, die imstande sind, einen bestimmten Tag durch ihren Fluch zu einem Unglückstag zu

Ihr Dämm'rungsstern ersterb' in ew'gem Dunkel!¹)
Sie harre sehnsuchtsvoll auf Licht — umsonst,
Und schaue nie der Morgenröte Wimpern,
Weil meiner Mutter Thür²) sie nicht verriegelt
Und meinem Aug' das Leid nicht hat verborgen!

Warum starb ich nicht in der Mutter Leibe?
Trat aus dem Schoß heraus, um zu verscheiden?
Was kamen liebreich Kniee mir entgegen³),
Was eine Brust, daraus ich Leben sog?
Wär's nie geschehn! Dann läg ich nun in Frieden
Und schliefe sanft in ungestörter Ruh'
Bei Kön'gen und Beratern ihres Landes⁴),
Die Pyramiden für sich auferbaun,
Den großen Herren, die an Golde reich,
Und deren Häuser voll von Silber waren.

---

machen. Als Mittel dazu dient ihnen die Sonnen- oder Mond-finsternis, die nach altem über die ganze Erde verbreiteten Glauben dadurch hervorgerufen wird, daß ein mythisches Ungeheuer, ein Drache, hebräisch der Leviathan, die gewundene Schlange, Sonne oder Mond verschlingt. Wahrscheinlich galt ein bestimmtes Sternbild als dieser Drache. Die von Hiob angerufenen Zauberer haben die Macht, den Drachen dazu anzureizen, daß er den Mond verschlingt und die Nacht zu einer Unglücksnacht macht.

¹) Gemeint sind Sterne wie die Venus, die, wenn sie in der Morgendämmerung aufgeht, den nahen Anbruch des Tages ankündigt. Bleibt sie dunkel, so erscheint auch der Tag nicht.

²) Die Thür des Mutterschoßes.

³) Die Kniee des Vaters, der das ihm geborene Kind freundlich auf den Schoß nimmt.

⁴) Hiob malt sich aus, in welch vornehmer Gesellschaft er sich dann befinden würde; ein weiterer Anlaß, den Tod herbeizuwünschen. Freilich muß er sich gleich selbst sagen, wie nichtig ein solcher Trost ist. Aber auch der Gedanke, ein Nichts zu sein, wie die Fehlgeburt, ist ihm in seiner Lage noch verlockend.

Nein, wie verscharrte Fehlgeburt wär' ich
Ein Nichts, wie Kinder, die das Licht nie sahn.
Dort[1]) haben Frevler aufgehört zu toben,
Dort finden die Erschöpften Ruh' und Rast,
Und Frieden alle, die gefangen waren;
Des Frohnvogts Ruf vernehmen sie nicht mehr.
Der Kleine und der Große sind dort eins,
Frei ist der Knecht von seinem Herrn geworden.
Warum gab Er dem Mühbelad'nen Licht?
Und warum Leben den gequälten Seelen?
Die — ach umsonst! — sich nach dem Ende sehnen,
Die mehr als Schätzen ihrem Tod nachgraben[2]),
Und glücklich in den höchsten Jubeltönen
Aufjauchzen, wenn ihr Grab sich endlich fand —
Warum dem Mann, der doch nicht weiß, wohin?
Und den Gott selber ringsum eingezäunt[3])?
Denn täglich Brot ist mir mein Weh und Ach,
Und meine Seufzer strömen wie ein Bach!
Wovor ich zitternd bebe, das trifft ein,
Wovor mir graut, das bricht gewiß herein.
Noch fand ich keine Ruh' und keinen Frieden,
Da überfällt schon neuer Schreck den Müden.

Drauf Eliphas aus Theman also sprach:
Richt' ich ein Wort an dich, wird's dich verdrießen?
Doch wer vermag der Rede Lauf zu hemmen?
Sieh, viele hast du sonst zurecht gewiesen
Und schlaffe Arme oftmals neu gestärkt;

---

[1]) In der Unterwelt.
[2]) Die eifriger nach ihrem Tode ausspähen, als andere Schätzen nachgraben.
[3]) Gott hat einen Zaun um Hiob gezogen, so daß ihm jeder Ausweg abgeschnitten ist.

Dein Wort hielt aufrecht den, der fallen wollte,
Und müden Knieen gabst du neue Kraft.
Nun es an dich kommt, wolltest du verzagen?
Zusammenbrechen, da es dich erfaßt?
Ist deine Gottesfurcht nicht dein Vertraun?
Und deine Hoffnung dein unsträflich Leben?
Besinne dich! Wer kam je schuldlos um,
Und wo ward ein Gerechter je vernichtet?
So viel ich sah: — wer Frevel liebt zu pflügen
Und Unheil sät, der erntet Unheil ein.
Vor Gottes Odem schwindet er dahin,
Durch seines Zornes Hauch wird er vertilgt.
Des Löwen Brüllen, seiner Stimme Trutz
Und seiner Jungen Zähne sind zerbrochen!
Der Leu kommt um, weil ihm die Beute fehlt —
Der Löwin Brut zerstiebt in alle Winde!¹) —

Ein Wort²) hat heimlich sich zu mir gestohlen³),
Mein Ohr vernahm davon den flücht'gen Laut
Im traumerregten Spiele der Gedanken,
Als tiefer Schlaf sich auf die Welt gesenkt.
Ein Grauen packte mich, ein schaudernd Beben,
Ein jäher Schreck ging mir durch Mark und Bein.

---

¹) Der unschädlich gemachte Löwe mit seiner Brut ist ein Bild für die von Gott vertilgten Gottlosen. Die Frommen aber, und Hiob — wenn er wirklich ein Frommer ist — haben solches Geschick nicht zu befürchten.

²) Eliphas schildert im folgenden in höchst anschaulicher Weise die geheimnisvolle und schauerliche Vermittelung einer göttlichen Offenbarung an den Menschen. Der Inhalt der Offenbarung ist, daß vor Gott kein Mensch rein ist. Eliphas deutet damit bereits indirekt an, daß Hiob sich sein Leiden wohl durch eigene Schuld zugezogen habe.

³) Wie ein Dieb in der Nacht.

Es haucht' mich an — es weht' an mir vorüber —
Es sträubten sich die Haare mir am Leibe.
Da stand — sein Aussehn konnt' ich nicht erkennen —
Ein Bild vor mir, das hört' ich heimlich raunen:

„Ob wohl vor Gott auch Einer nur gerecht,
Ein Einz'ger rein vor seinem Schöpfer ist?
Darf Er doch nicht einmal den Engeln traun,
Und schaut Er doch an seinen Boten Mängel!
Geschweige den Bewohnern irdner[1]) Hütten,
Den Staubgebor'nen, die der Motte gleich
Zermalmt sind, eh' aus Morgen Abend wird,
Und unvermerkt auf ewig untergehn.
Wird ihre Lebenssehne[2]) durchgerissen,
So sterben sie in Unverstand dahin!"

Ja, rufe nur, wer wird die Antwort geben?
An welchen Heil'gen wolltest du dich wenden?
Unmut bringt einen Thoren vollends um,
Und Leidenschaft ist jedes Narren Tod![3])

Ich sah wohl einen Thoren Wurzel schlagen[4]),

---

[1]) Irdne Hütten heißen die menschlichen Leiber als Behausung der Seele, weil sie aus Thon oder Erdenstaub gebildet sind.

[2]) Die Lebenssehne hält den Körper mit der Seele zusammen.

[3]) Eliphas zieht triumphierend und fast höhnend die Folgerung aus seinem Orakel. Wenn kein Mensch, also auch Hiob nicht vor Gott rein ist, wie darf er dann erwarten, daß Gott auf seinen ungeduldigen Ruf antworten wird. Auch die heiligen Fürsprechengel, die sonst wohl für den Menschen bei Gott eintreten, versagen in diesem Falle ihren Dienst. So macht Hiob sein Schicksal durch seine unbedachten Klagen nur schlimmer.

[4]) Der Thor oder, was nach hebräischer Anschauung dasselbe ist, der Frevler, mag wohl eine Zeitlang grünen; nichts

Doch bald¹) verwünscht' ich seinen fetten Grund.
Des Glücks beraubt verkommen seine Kinder
Hilflos zertreten im Gericht am Thor²);
Von seiner Ernte zehrt, wer Hunger hat,
Und rafft sie fort, vom Dornzaun³) nicht behindert,
Die Schlinge schnappt nach seinem Hab und Gut.

Denn Unheil wächst nicht aus dem Staub hervor,
Noch sprießt das Elend auf dem Ackerfeld;
O nein! Der Mensch zeugt seine Leiden selbst,
Und Flammensöhne⁴) nehmen hohen Flug!

Wär ich's⁵), ich früge beim Allmächt'gen an
Und stellte meine Sache Gott anheim,

---

desto weniger ist sicher, daß sein Glück plötzlich ein Ende mit Schrecken nehmen wird. Möge Hiob das auf den plötzlichen Umschwung seines Geschicks anwenden.

¹) Als ich sah, daß sein Schicksal ihn erreicht hatte. Daß der Fromme den von Gott bestraften noch verflucht, um zu zeigen, daß er keine Gemeinschaft mit ihm habe, ist echt semitisch.

²) Das Stadtthor ist die Gerichtsstätte.

³) Der zum Schutz um den Acker gezogen ist.

⁴) Vielleicht richtiger: „Reschephs Söhne". Rescheph ist ein phönizischer Sonnengott, nahe verwandt mit Apollo, mit dem er in Inschriften und sonst gleichgesetzt wird. Der Dichter scheint auf einen Mythus von den hoch fliegenden Rescheph=söhnen anzuspielen, die sich dadurch selbst das Verderben zu=zogen, ähnlich wie Phaethon, der auf der Fahrt mit dem er=borgten Sonnenwagen seines Vaters Apollo von Zeus zermalmt wurde, oder, wie Ikaros, der mit den von seinem Vater ge=machten Wachsflügeln so hoch flog, daß sie von der Sonne ge=schmolzen wurden und er in das Meer fiel. Der Satz soll die Behauptung, daß der Mensch seine Leiden selbst zeugt, an einem Beispiel aus der Mythologie illustrieren. Auch der Mensch ist gewissermaßen ein Phaeton oder Ikaros, meint Eliphas, und zieht sich sein Unglück zu durch seinen „hohen Flug".

⁵) Wäre ich in deiner Lage.

Der große Dinge thut, die keiner fasset,
Und Wunderwerke ohne Maß und Zahl;
Der Regen auf die Erde niedersendet
Und Wasser strömen läßt auf Feld und Flur,
Daß tief Gebeugte aufgerichtet werden,
Aus Trauer sich zum Heile aufwärts ringen.
Jedoch der Schlauen Plan macht Er zu nichte,
Daß ihre Hände kein Gelingen schaffen.
In ihrer eignen List fängt Er die Klugen.
Und der Verschmitzten Rat wird überholt,
Daß sie am hellen Tag auf Dunkel stoßen,
Am Mittag tasten, wie um Mitternacht.
Er hilft vom Schwert, Er hilft aus ihrem Rachen,
Und aus des Starken Hand hilft Er dem Armen.
So geht dem Schwachen neue Hoffnung auf,
Die Bosheit aber muß den Mund verschließen.

O, selig ist der Mann, den Gott erzieht!
Verschmäh' die Zucht des Allgewalt'gen nicht!
Denn Er verletzt und Er verbindet wieder,
Schlägt Wunden, aber heilt mit treuer Hand.
Aus sechs[1]) Gefahren wird Er dich erretten,
Und in der siebten bleibst du unversehrt.
Bei Hungersnot erlöst Er dich vom Tode,
In Kriegesnöten von des Schwertes Streichen;
Geborgen bist du vor der Zunge Geißel[2]),
Hast nichts zu fürchten, wenn Verheerung naht.
Bei Teurung und Verderben darfst du lachen,
Die wilden Tiere brauchst du nicht zu fürchten.

---

[1]) Eine beliebige Zahl, um Gefahren aller Art zu bezeichnen. Sie wird noch gesteigert durch die Hinzufügung der nächst folgenden sieben.
[2]) Verleumdung oder Schelt- und Fluchwort.

Denn mit des Feld's Gestein bist du im Bunde[1]),
Und dir befreundet sind die wilden Tiere.[2])
Du merkst, daß Friede wohnt in deinem Zelte,
Du musterst dein Gehöft — es fehlt ihm nichts;
Du wirst noch zahlreich deinen Samen sehn
Und deine Sprossen, wie des Feldes Grün.
In reifem Alter gehst du ein zum Grabe,
Wie Garben, eingeführt zu rechter Zeit.
  Sieh, das erforschten wir, und also ist es!
  Vernimm es, und beherz'ge du es wohl!

Darauf erwidert' Hiob ihm und sprach:

Wenn all mein Kummer könnt' gewogen werden,
Und all mein Leid würd' auf die Wag' gelegt:
Es wäre schwerer als der Sand am Meer;
Deswegen reden meine Worte irre!
Denn Gottes Pfeile[3]) trage ich in mir;
Von ihrem Gift durchtränkt ist meine Seele,
Und um mich lagern neue Schrecken Gottes!

  Schreit denn der Esel, der im Grase weidet?
  Und brüllt der Stier, wenn er am Futter steht?[4])
  Verträgt ihr fades Essen, ungesalzen?

---

[1]) Selbst die leblosen Steine sind mit Hiob verbündet, indem sie seinem Acker fern bleiben und ihn nicht unfruchtbar machen. Ein Ausleger citiert treffend aus der Sage: Vom Acker, den sein Pflug berührte, schwand das Gestein, als ob's der Wind entführte.
[2]) Sie brechen in deine Herden nicht ein.
[3]) Die vergifteten Pfeile Gottes sind es, die Hiobs Krankheit verursacht haben.
[4]) Wer sich in Glück und Überfluß befindet, braucht freilich nicht zu klagen; anders aber steht es bei mir.

Ist euch der Malvenschleim schmackhafte Speise?[1]
Mir bäumt das Herz sich auf, soll ich's genießen,
Mir widersteht's wie angefaultes Brot!

Ich wollt' — und möchte sich mein Wunsch erfüllen,
Möcht' Gott dies heiß Ersehnte mir gewähren —
Ich wollt', es lockte Ihn, mich zu zermalmen
Und kurzer Hand den Faden[2] abzuschneiden.
So wäre mir doch noch der Trost beschieden —
Und jauchzen wollt' ich in dem grausen Schmerz —
Daß ich des Heil'gen Worte nie verleugnet! —

Mir fehlt die Kraft, noch fernerhin zu harren;
Zu nahe ist mein Ende, um zu hoffen!
Ist meine Kraft dem starren Felsen gleich?
Und ist mein Fleisch und Bein aus Erz gegossen?
Ach, ich bin ganz und gar der Hilfe bar,
Und jeder Ausweg ist mir abgeschnitten!

Dem Dulder schulden seine Freunde Liebe,
Und hätt' er selbst verlernt, den Herrn zu fürchten.
Doch meine Brüder trogen wie ein Bach,
Wie eines Bergstroms schnell vertrocknet Bett.
Beim Eisgang jagt er seine trüben Wellen
Und strömt dahin von dichtem Schnee geschwellt;
Doch wenn die Sonne glüht, hört auf sein Wasser,
Und wird es heiß, so ist sein Lauf versiegt.
Vom Wege biegt zu ihm die Karawane,
Klimmt auf zur leeren Öde, und verkommt;
Die Züge Themas schauen nach ihm aus,

---

[1] freilich, eine Nahrung hat Eliphas Hiob bei seinem Hunger nach Trost geboten, aber was für eine! Es waren fade und ungesalzene Worte, die er anhören mußte und die ihn anwidern. — Malvenschleim etwa wie unser Haferschleim.
[2] Den Lebensfaden.

Es hoffen auf ihn Sabas Karawanen¹) —
Zu Schanden werden sie mit ihrem Hoffen
Und stehn am Ziel, auf's bitterste enttäuscht!
Ein solcher Bach seid ihr für mich geworden —
Ihr schaut den Jammer, und ihr scheut zurück!
Hab' ich gesagt; ihr sollt mir etwas schenken?
Von eurer Habe etwas für mich opfern?
Sollt mich befrei'n aus meines Feindes Hand
Und los mich kaufen aus Tyrannenmacht!? —
Belehret mich, so will ich gerne schweigen,
Sagt mir nur an, worin ich mich verfehlt!
Ja, lieblich sind der Wahrheit hehre Worte,
Doch eure Rügen können nichts beweisen.
Denkt ihr, um meine Worte mich zu strafen?
Was die Verzweiflung spricht verfliegt im Wind!
Ihr würft das Los selbst über eine Waise
Und könntet euren eignen Freund verhandeln! —

Doch nein, seht her, seht mir ins Aug' hinein,
Ich lüg' euch wahrlich nicht ins Angesicht!
O kehret um! Laßt Unrecht nicht geschehn!
Kehrt um! Noch gilt mein Recht in dieser Sache.
Glaubt nicht, daß meine Zunge Unrecht habe,
Und daß mein Gaumen nicht das Leiden schmecke.³)

Ein Kriegsdienst ist des Menschen Los auf Erden,
Ein Söldner schleppt er seine langen Tage!

---

¹) Thema und Saba sind berühmte Handelsstädte im nördlichen Arabien.

²) Hiob hat ja keine materiellen Opfer, sondern nur Trost von den Freunden verlangt.

³) Hiobs Leiden sind keine eingebildeten. Wenn seine Zunge über sein Unglück klagt, so ist sie nicht im Unrecht, hat sie ein Recht dazu, denn er weiß es, wie bitter die Leiden schmecken.

Ja, wie dem Sklaven, der nach Schatten lechzt,
Dem Mietling, der auf seine Löhnung harrt,
So wurden mir auch Monde voller Pein
Und kummervolle Nächte obendrein!
„Wann steh' ich auf?" seufz' ich beim Schlafengehn;
Der Abend dehnt sich, und beim Morgengrauen
Wälz' ich noch ruhelos mich auf dem Lager.

Gewürm bedeckt mein Fleisch und erd'ge Kruste,
Die Haut vernarbt und eiternd bricht sie auf.[1])
Und meine Tage — wie ein Weberschiffchen,
So fliegen sie von dannen — hoffnungslos!
Bedenke, daß mein Leben nur ein Hauch,
Mein Aug' das Glück nie wieder schauen wird.
Des Freundes Auge sieht mich niemals wieder;
Auch dein Aug' wird mich dann vergeblich suchen.
Die Wolke ist verschwunden, ist vergangen,
Und wer ins Grab gesunken kehrt nicht wieder;
Nie kehrt er wieder in sein Haus zurück,
Und seine Heimat kennet ihn nicht mehr![2])

So will auch ich denn meinem Mund nicht wehren,
Will sagen, was mein armes Herz bedrängt
Und klagen meiner Seele bittres Weh!
Bin ich ein Meer? Bin ich ein Meeresdrache,
Daß du mit Wachen mich umstellen mußt[3])?

---

[1]) Beim Aussatz gerät das Fleisch in Fäulnis, als ob Würmer darin wären. Darüber bildet sich ein erdfarbener Schorf, der aber bald wieder von dem sich darunter ansammelnden Eiter durchbrochen wird.

[2]) In dem — freilich unmöglichen — Falle, daß er doch einmal in seine Heimatstätte zurückkehren sollte, würde diese ihn nicht wiedererkennen und nicht als ihren Herrn anerkennen.

[3]) Hier liegt wieder eine mythologische Anspielung vor. Gott hat dem Meer bei seiner Erschaffung feste Grenzen ge-

Denk' ich bei mir: Mein Bette soll mich trösten,
Mein Lager meinen Jammer tragen helfen,
So schreckst du mich alsbald durch schwere Träume,
Durch Nachtgesichte, ach, so grauenvoll!
Daß meine Seele zu ersticken wünschte;
Viel lieber tot, als diese Qualen leiden!
Ich bin es satt, ich will nicht ewig leben,
Laß ab von mir, ein Hauch sind meine Tage![1])

    Was ist der Mensch, daß du so groß ihn achtest,
Und daß du auf ihn richtest deinen Sinn?
Daß du ihn heimsuchst jeden neuen Morgen
Und jeden Augenblick auf Probe stellst?[2])
Wann wird dein Blick sich endlich von mir wenden?!
O laß mir Ruhe einen Atemzug! —

---

setzt, die es nicht überschreiten darf, und hat Wächter aufgestellt, die darauf zu achten haben, daß sein Gebot nicht überschritten wird. Der Meeresdrache ist das personifizierte wild aufstürmende Meer selbst. Gegen den elenden Menschen Hiob braucht Gott doch nicht solche Vorsichtsmaßregeln zu ergreifen. Ohne Bild: Gott braucht Hiob doch nicht durch so furchtbare Leiden in die ihm zugewiesenen Schranken zu zwingen, denn er ist ja nur ein elender Mensch.

    [1]) Der scheinbare Widerspruch in den beiden Versgliedern erklärt sich aus der erregten Gemütsstimmnng Hiobs. Wenn er an seine Qualen denkt, scheint ihm sein Leben ewig zu dauern; wo er Gott bittet, seiner zu schonen, macht er als Motiv die Kürze seines Lebens geltend.

    [2]) Mit bitterem, fast gotteslästerlichem Sarkasmus ironisiert Hiob die beinahe gleichlautenden Worte aus Psalm 8,5. Während der Psalmdichter in dankbarer Demut die Gnade Gottes preist, die sich des Menschen annimmt, ihn „heimsucht", obgleich er im Vergleich mit der majestätischen Natur so unendlich klein ist, meint Hiob, gerade dies Achten Gottes auf den Menschen gereicht diesem zum Verderben; denn das Heimsuchen ist ein Untersuchen seiner Schuld.

Hab' ich gefehlt, was hab' ich dir geschadet,
Du Menschenhüter?¹) Warum wählst du mich
Zum Angriffspunkt, als könnt' ich dich beläst'gen?
Warum vergiebst du mir die Sünde nicht,
Und warum hebst du meine Schuld nicht auf?
Denn bald find' ich im Staub der Erde Ruh';
Suchst du mich dann — vergebens suchest du.

Bildad von Schuach hub nun an und sprach:
Wie lange willst du so vermessen reden?
Dem tollen Sturm gleicht deines Mundes Wort!
Kann der allmächt'ge Gott das Recht verdrehen?
Der Allgewalt'ge die Gerechtigkeit?
Wenn deine Kinder gegen ihn gesündigt,
Und Er sie preisgab ihrer Missethat —.²)
Wenn aber du verlangend ihn wirst suchen,
Wenn zum Allmächt'gen du um Gnade flehst,
Und wenn dein Wandel rein und ohne Flecken,
Dann wird alsbald er über dir erwachen³)
Und deiner Tugend Hütte⁴) neu errichten;

---

¹) Wieder ein bitterer Sarkasmus. Gott heißt sonst der Menschenhüter, weil er die Menschen vor Unglück behütet. Hiob gebraucht das Wort im Sinne von Aufpasser, Spion.

²) Bildad meint, der Tod der Kinder Hiobs ist eine Folge ihrer Sünden gewesen. Er wagt es aber noch nicht, diese grausame Behauptung dem Vater unverblümt ins Gesicht zu schleudern, sondern er kleidet sie in die Form eines Bedingungssatzes und bricht außerdem mitten im Satze ab, als ob er selbst erschrocken wäre über das, was er sagen will.

³) Jetzt scheint es ja freilich, als ob Gott schläft und nichts von deinem Unglück merkt.

⁴) Dein Haus, in dem deine Tugend, deine Gerechtigkeit eine Wohnstätte finden wird. Bildad deutet an, daß eine Wiederherstellung von Hiobs früherem Glück nur dann erfolgen kann, wenn wirklich die Gerechtigkeit seine Hausgenossin ist.

Und was du einst gehabt, wird nichtig scheinen
Mit deiner Zukunft reichem Glanz verglichen.

Denn frage nur die vorigen Geschlechter
Und achte auf die Forschung[1]) ihrer Väter —
Denn wir, von gestern, wissen nichts davon,
Weil unsre Tage wie ein Schatten fliehn[2]) —
Sie werden dich belehren und dir's sagen,
Und ihre Rede kommt aus tiefem Wissen:

Es wächst kein Schilfrohr, wo nicht auch ein Sumpf,
Und ohne Wasser schießt kein Nilgras auf.[3])
Noch ist's im Treiben, noch nicht reif zum Schnitt,
Da welkt es schon vor allem Grün dahin.[4])
Das ist das Ende aller Gottvergeßnen;
Des Bösen Hoffnung wird zu Grab getragen.
Sein Hoffen ist ein schwacher Sommerfaden,
Und seine Zuversicht ein Spinngewebe.
Er stützt sich auf sein Haus[5]) — es steht nicht fest,
Er klammert sich daran — es hält nicht stand.

---

[1]) Das was sie erforscht haben.

[2]) Die früheren Geschlechter lebten viel länger als die jetzige Generation und waren infolgedessen auch viel erfahrener und weiser.

[3]) Das Schilf ist ein Bild der Gottlosen; wird jenem das Wasser entzogen, so verdorrt es. Ebenso geht es dem Gottlosen. Er mag wohl eine Zeitlang grünen und blühen, aber plötzlich wird ihm der Lebenssaft entzogen, und es ist aus mit ihm. Die Lehre der Väter lautet also dahin, daß das Glück der Gottlosen nur kurze Zeit dauert. Sollte nun nicht auch umgekehrt der plötzliche Zusammenbruch von Hiobs Glück auf seine Sündhaftigkeit hindeuten? Freilich spricht Bildad auch diesen Gedanken noch nicht direkt aus, sondern läßt ihn schonend nur zwischen den Zeilen lesen.

[4]) Wenn nämlich das Wasser versiegt.

[5]) Seine Habe.

Er strotzt von Saft im Angesicht der Sonne[1],
Und übern Garten zieht sich sein Gesproß.[2]
In Steingeröll verflicht sich seine Wurzel
Und bohrt sich selbst in harte Felsen ein.
Doch reißt ihn Gott heraus aus seiner Stätte,
Verleugnet die ihn flugs: — „Ich sah dich nie!" —
Sieh da, das ist sein lust'ger Lebenslauf,
Und aus dem Staube sprossen andre auf![3]

Nein, nein, ein reines Herz verschmäht Gott nicht,
Noch geht er Hand in Hand mit Bösewichtern.
Er wird noch deinen Mund mit Lachen füllen
Und Lobgesang auf deine Lippen legen,
Die dich befehden in Verzweiflung treiben —
Doch eines Freulers Zelt wird nimmer bleiben! —

Darauf erwidert' Hiob ihm und sprach:

Ja wohl, ich weiß es, daß es also ist;
Wer kann Gott gegenüber Recht behalten?
Wenn Er geruhete mit ihm zu streiten —
Nicht eins auf Tausend könnt er Ihm erwidern.[4]
Er, reich an aller Weisheit, stark an Kraft —
Wer böt' Ihm Trotz und bliebe unversehrt?!
Die Berge rückt Er fort, eh' sie es merken,[5]

---

[1] Wie eine üppig gedeihende Pflanze, der auch die glühende Sonne nicht schadet.

[2] Die wuchernden Seitentriebe ziehen durch den ganzen Garten.

[3] Trotz des schlimmen Schicksals des Gottlosen hat er doch immer Nachfolger.

[4] Wenn Gott dem Menschen auch tausend Fragen vorlegte, nicht eine von ihnen könnte der Mensch beantworten. Einen Beleg hierfür bilden die Fragen Gottes an Hiob in Kap. 38. 39.

[5] Belege für Gottes Macht, der kein Wesen widerstehen kann.

Und stürzt sie um in Seines Zornes Glut.
Der Erde festen Grund läßt Er erzittern,
Daß ihre Säulen hin und wider schwanken.
Ein Wort von Ihm — und glanzlos steht die Sonne[1]),
Den Sternen legt Er Seine Siegel vor.[2])
Er, Er allein hält ausgespannt den Himmel
Und schreitet auf des Meeres Höhn[3]) einher,
Der Schöpfer des Orion, der Plejaden,
Des Wagens und der Sternenschar im Süden[4]),
Der große Dinge thut, die Keiner fasset,
Und Wunderwerke ohne Maß und Zahl.

Ja[5]), Er kam über mich, eh' ich's gewahrte,
Er fuhr vorbei, bevor ich Ihn gemerkt,
Und raffte fort — wer will es Ihm verwehren?
Wer darf Ihm sagen: „Was beginnst du da?"
Gott würde Seinen grimmen Zorn nicht hemmen;
Auch Rahabs Helfer[6]) mußten sich ihm beugen;
Wie sollte ich Ihm Red' und Antwort stehn;
Mit wohlerwognen Worten Ihm erwidern?
Ich muß wohl schweigen, ob ich auch im Recht,
Darf meinen Gegner nur um Gnad' anflehn!

---

[1]) Bei der Sonnenfinsternis.
[2]) So daß sie nicht am Himmel aufziehn.
[3]) Auf den Höhen des Wolkenmeeres.
[4]) Wörtlich: „Der Kammern des Südens", womit vielleicht auch ein bestimmtes Sternbild gemeint ist.
[5]) Diese furchtbare und plötzlich sich bethätigende Kraft Gottes hat auch Hiob erfahren müssen.
[6]) Rahab ist ein mythologisches Ungeheuer der Vorzeit, vielleicht das personifizierte und als Dämon gedachte Meer, das mit seinen Helfern, anderen Dämonen, empörerisch gegen Gott anstürmte. Der Dichter und seine Zeitgenossen mußten augenscheinlich viel von diesen Kämpfen finsterer Gewalten zu erzählen, was wir nur auf Grund der Mythologieen anderer stammverwandter Völker erraten können.

Vernähm' Er meinen Ruf und gäb' mir Antwort —
Ich würd's nicht glauben, daß Er mich gehört,
Er, der mich wie im Wirbelsturm zermalmt,
Mir grundlos immer neue Wunden schlägt,
Der nimmer mich zu Atem kommen läßt,
Nein, mich mit Leiden sättigt zum Ersticken.
  Gilt's Kraft und Stärke, heißt es: „Ich bin da,"
Und geht's ums Recht: „Wer will mich vor sich
                                          fordern"?![1])
Hätt' ich auch Recht — mein Stammeln würd' mich richten,
Und hätt' ich keine Schuld, — Er spräch' mich schuldig!
Und schuldlos bin ich — koste es mein Leben,
Was kümmert's mich? — Mir gilt das Dasein nichts!
Und weil doch alles eins ist[2]), will ich's sagen:
Er rafft den Frommen mit dem Bösen hin.
Und schwingt Er jählings seine Todesgeißel —
Er lacht, ob auch ein schuldlos Herz verzweifelt!
Die Erde ist in Freolerhand gegeben,
Die Augen ihrer Richter hält Er zu!
Thut Er es nicht, nun denn, wer thut es dann? —
  Auch meine Tage eilten wie ein Läufer,
Entflohen, ehe sie das Glück geschaut;
Sie fuhren hin wie leichte Binsenschiffchen[3]),

---

[1]) Ein Rechten mit Gott ist völlig aussichtslos; denn wenn die Macht dabei das ausschlaggebende Moment sein soll, so fehlt es Gott daran nicht. Er sagt selbstbewußt: „Ich bin zum Kampf bereit." Soll aber das Recht maßgebend sein, — wer will es wagen, Gott vor Gericht zu fordern?

[2]) Weil es einerlei ist; weil er ja doch in jedem Falle sterben muß, mag Gott ihn nun durch Leiden zu Tode quälen oder infolge seiner kühnen Worte plötzlich vernichten.

[3]) Die kleinen Kähne aus Papyrus, wie sie auf dem Nil gebraucht wurden, waren wegen ihrer Leichtigkeit besonders schnell.

So jählings, wie der Aar auf Beute stößt.
Und spreche ich: „Vergessen sei die Klage,
Fort finstre Mienen, heiter will ich blicken,"
So faßt ein Schaudern mich vor meinen Qualen —
Ich weiß es ja, du sprichst mich doch nicht frei!
Ich soll nun einmal schuldig sein, — warum
Sollt' ich mich da umsonst noch weiter mühen?!
Und wüsche ich mich auch so weiß wie Schnee
Und spülte meine Hand in scharfer Lauge,
Du stießest mich doch wieder in den Pfuhl,
Daß meine Kleider Abscheu vor mir hätten.
Denn nicht wie meinesgleichen dürft' ich Ihm
Erwidern, wenn wir vor Gericht erschienen,
Und keinen Schiedsmann giebt es zwischen uns,
Der über beide seine Hände hielte.[1])
Er[2]) ziehe Seine Geißel nur zurück,
Daß Seine Schrecken mich nicht mehr betäuben,
So will ich reden, ohne Ihn zu fürchten,
Denn davon weiß mein Herz sich wahrlich frei[3])! —

Zum Ekel ist mein Leben mir geworden;[4])
So will ich meine Klage strömen lassen
Und sagen, was die Seele mir vergällt!

---

[1]) Der Schiedsmann hat durch seine Entscheidung dem Streit ein Ende zu machen. Es scheint Brauch gewesen zu sein, daß er bei der Verkündung des Urteils seine Hände über die beiden Parteien hielt als Zeichen dafür, daß sie sich seiner Entscheidung zu unterwerfen hätten.

[2]) Gott.

[3]) Hiob hat ein so gutes Gewissen, daß er kühn und stolz zu sagen wagt, Furcht vor dem göttlichen Richter sei ihm fremd; nur vor der Willkür Gottes, die ihn ohne Grund quält, empfindet er ein Grauen.

[4]) Es liegt mir nichts daran, mein Leben zu erhalten; darum will ich auch nicht ängstlich verschweigen, was ich über Gottes Verhalten mir gegenüber denke.

Will zu Gott sprechen: O, verdamm' mich nicht;
Sag wenigstens, warum du mit mir haderst!
Bringt's dir Gewinn, Gewaltthat zu verüben,
Der eignen Hände Kunstwerk¹) zu verachten,
Und bei der Frevler Plan voranzuleuchten?
Sind deine Augen wie des Menschen Augen?²)
Siehst du die Dinge an, wie Fleisch es thut?
Sind deine Tage kurz wie Erdentage
Und deine Jahre wie des Menschen Tage³),
Daß du nach meiner Sünde suchst und suchst
Und eifrig spürst nach meiner Missethat,
Obgleich du weißt, daß ich nicht schuldig bin,
Und niemand deinen Händen mich entreißt!?⁴)

Einst hat mich deine Hand mit Fleiß bereitet,
Mein ganzes Ich, — und nun vertilgst du mich?
Gedenke doch, daß du wie Thon mich formtest!
Und nun willst du zum Staub zurück mich schleudern?
Wie Milch hast du mich einstmals hingegossen⁵),
Wie Käse hast du mich gerinnen lassen;
Mit Haut und Fleisch hast du mich überkleidet,
Mit Knochen und mit Sehnen mich durchwoben.

---

¹) Den Menschen, über dessen kunstvolle Bereitung durch Gott der Dichter unten (V. 8 ff.) ausführlich spricht.

²) So kurzsichtig wie etwa die meiner Freunde, die Schuld sehn, wo doch keine ist.

³) Gott ist nicht so kurzlebig wie die Menschen und braucht daher nicht mit fieberhaftem Eifer nach Hiobs Sünde zu forschen. Wenn er sich wirklich vergangen hätte, würde die Zeit sein Vergehn schon ans Licht bringen.

⁴) Es zeugt von wenig Edelmut, wenn du den, der auf Gnade und Ungnade in deine Hände gegeben ist, so grausam behandelst.

⁵) Der Dichter schildert das Entstehn und Wachsen des Embryo im Mutterleibe.

Du gabſt mir Leben, du verliehſt mir Gnade¹),
Und deine Hut bewahrte meinen Odem.
Und dabei bargſt du dies in deinem Herzen —
Ich weiß es, das war dein geheimer Plan:
Du wollteſt mich belauern, ob ich fehlte,
Und wenn ich fiel, mir meine Schuld nicht ſchenken.
Weh mir! Hätt' ich gefehlt. — Und hätt' ich Recht,
So ſollt' ich doch mein Haupt nicht heben dürfen
Von Schmach geſättigt und von Elend trunken!
Und wollte ich auffahren wie ein Leu,
Du jagteſt mich mit neuen Machtbeweiſen;
Du führteſt neue Zeugen gegen mich,
Gäbſt deinem grimmen Zorne neue Nahrung,
Und endlos wüchſen der Bedränger Scharen!²)

Warum entzogſt du mich dem Mutterſchoße,
Und ſtarb ich nicht, bevor ein Aug' mich ſah?
So wär' ich nun als wär ich nie geweſen,
Vom Mutterleib ſofort zum Grab getragen. —
Nur wen'ge Tage ſind mir noch beſchieden —
O, wende dich von mir, laß mich in Frieden;
Die kurze Friſt noch Freude mir gewähre,
Eh' denn ich hingeh', und nicht wiederkehre,
Ins Land, wo Finſternis und Todesgraus
Und alle dunkeln Schatten ſind zu Haus,
Wo Nacht und Tod zum Chaos ſich vereint,
Wo Mittag ſelbſt wie Mitternacht erſcheint!

Darauf hub Zophar an von Náama:
Soll ſolchem Wortſchwall keine Antwort werden?
Soll dieſer Held in Worten Recht behalten?

---

¹) Vom erſten Lebensanfang an.
²) Die Leiden.

Bei deinem Prahlen sollten Männer schweigen,
Und keiner deinem Lästern Einhalt thun?
Du dürftest sagen: "Echt ist meine Lehre,
Und rein bin ich in deinen¹) eignen Augen!?"
Ach, wollte Gott doch selbst das Wort ergreifen
Und seine Lippen öffnen wider dich,
Dir seiner Weisheit Tiefen offenbaren,
Die wie ein Wunder der Vernunft erscheinen;
Denn wisse nur: Gott strich von deiner Schuld!²)

Du willst der Gottheit tiefsten Grund erforschen?
Zu des Allmächt'gen Höhe dich erheben?
Es ist des Himmels Höh' — wo bleibt dein Können?
Die Höll' ist nicht so tief — wo bleibt dein Wissen?
Ihr Maß ist länger als der Erde Maß
Und breiter als des weiten Meeres Flächen!
Wenn Er einherfährt und in Fesseln schlägt
Und vor Gericht beruft — wer will Ihm wehren?
Denn Ihm sind alle Heuchler wohlbekannt;
Er schaut den Frevel, ohne viel zu forschen.
Da dünkt sich nur ein Hohlkopf unverloren,
Ein Mensch, der mit des Esels Trotz geboren!

Wenn du dein Herz nun zubereiten willst
Und zu Ihm kommst mit aufgehobnen Händen³),
Wenn du entfernst, was deine Hand gefrevelt,
Kein Unrecht mehr in deinem Zelte hegst,
Dann darfst den Blick du vorwurfsfrei erheben
Auf festen Grund gestellt und ohne Furcht;

---

¹) Gottes; vgl. 10,7 "Obgleich du weißt, daß ich nicht schuldig bin."

²) Deine Sünden hätten eine noch viel schärfere Strafe verdient, als sie dir geworden ist.

³) Die Hände werden beim Gebet zum Himmel aufgehoben.

Dann wirst du all' dein Ungemach vergessen,
Wie an verlaufnes Wasser daran denken;
Dann winkt ein Leben dir hell wie der Tag
Und selbst im Dunkel leuchtend wie der Morgen.
Du hast Vertraun, weil dir die Hoffnung bleibt,
Und spähst du aus — du legst dich sorglos schlafen.
Du ruhest sicher, niemand scheucht dich auf,
Und alle Welt sucht schmeichelnd deine Gunst!
Der Frevler Augen aber schmachten hin;
Für sie ist jede Zuflucht abgeschnitten;
Ihr einzig Hoffen ist — den Geist aufgeben!¹) —

Darauf erwidert' Hiob ihm und sprach:
Wahrhaftig ja! Ihr seid die rechten Leute!
Die Weisheit wird mit euch zu Grabe gehn!
So viel Verstand wie ihr habt, hab' ich auch,
Und brauche wahrlich nicht vor euch zu weichen;
Wer wüßte denn auch solche Dinge²) nicht! —

Die eignen Freunde treiben Spott mit mir,
Mit mir, auf dessen Ruf Gott stets gehört,
Sie treiben Spott mit einem fromm Gerechten!
Zum Schaden Spott! — Das ist des Sichern Weise³),
Ein Fußtritt denen, deren Schritt schon schwankt!
Der Räuber Zelte aber stehn in Frieden,
Und wohlgeborgen sind die Gottverächter,
Die ihrer Faust als ihrem Gott vertraun. —

---

¹) Wie Hiob es gewünscht hatte Kap. 7,15. 16.
²) Solche billige Wahrheiten, wie ihr sie vortragt.
³) Der Sichere, d. h. der in ungestörtem Glück dahin
Lebende, wie Hiobs Freunde, pflegt den Unglücklichen auch noch
zu verhöhnen. Wer Schaden hat, braucht für Spott nicht zu
sorgen. Hiob empfindet die Reden der Freunde mit ihren nur
schlecht verhehlten Anspielungen als bittern Hohn und als einen
Fußtritt, den sie ihm geben.

Frag doch das Vieh, das wird dich schon belehren¹),
Des Himmels Vögel werden's dir verkünden,
Was auf der Erde kriecht mag dich belehren,
Des Meeres Fische mögen dir's erzählen;
Wer merkte nicht an allen diesen Wesen,
Daß Gottes Hand es ist, die solches²) thut,
In dessen Hand die Seele alles Lebens,
Der Geist von jedem Menschenwesen ruht!?

Mein Ohr vermag die Worte noch zu prüfen,
Mein Gaumen schmeckt die Speise, die ihm frommt.³)
Nur bei den Greisen sollte Weisheit wohnen?
Und langes Leben nur sollt' Einsicht geben?
Bei Ihm ist Weisheit und bei Ihm ist Stärke,
Sein ist der Rat und alle Einsicht Sein!
Wo Er zerstört, baut niemand wieder auf,
Wo Er in Fesseln schlägt, kann niemand lösen.
Hemmt Er des Wassers Lauf — es muß versiegen,
Läßt Er es los, so wühlt's die Erde um.
Sein ist die Kraft und wahrhaft weiser Sinn,
Sein ist wer irrt, und Sein wer irre führt.

---

¹) Im Anschluß an V. 5 „Wer wüßte denn auch solche Dinge nicht" verspottet Hiob Zophars billige Wahrheiten über die Höhe und Tiefe der göttlichen Weisheit und Vorsehung, indem er darauf hinweist, daß schon ein einfacher Blick auf die Geschöpfe genüge, um einen Eindruck von jener Weisheit zu bekommen. Die vernunftlosen Tiere verkünden schon durch ihre bloße Existenz die Wunder der göttlichen Vernunft.

²) Die solche Wunderwerke hervorbringt, wie die ganze Schöpfung sie aufweist.

³) Hiobs Urteilskraft ist noch nicht getrübt. Er weiß noch zu unterscheiden, was an den Reden der Freunde wahr und was unwahr ist, und ob sie ihm wirklich Trost spenden oder vielmehr bittern Hohn darbieten.

Er führt die Ratsherrn ausgezogen fort[1]),
Die weisen Richter läßt Er Narren werden[2]).
Er löst die Fesseln, die die Kön'ge schlugen,
Und schlingt um ihre Lenden einen Strick.
Er führt die Priester ausgezogen fort,
Uralte Würden bringet Er zu Fall.
Er läßt verstummen die bewährten Lippen
Und raubt den Greisen ihr gesundes Urteil.
Er gießt Verachtung über Fürsten aus,
Und reißt Gewalt'gen ihren Gürtel ab.[3])
Er deckt Verborgnes auf aus tiefstem Dunkel
Und zieht aus Licht die schwarzen Todesschatten.[4])
Er macht die Völker groß und tilgt sie aus,
Er breitet Völker aus und führt sie fort.[5])
Er macht verwirrt die Häupter der Gemeinde —
Sie taumeln in der Wüste ohne Pfad,
Sie tappen ohne Licht in tiefem Dunkel,
Und Er ist's, der sie taumeln läßt wie trunken!

Das alles hat mein Auge ja gesehn,
Mein Ohr vernommen und sich wohl gemerkt.
Was ihr erfuhrt, das hab ich auch erfahren,
Und brauche wahrlich nicht vor euch zu weichen.
Doch nicht an euch, an Gott richt' ich die Rede,
Mit Ihm zu rechten, das ist mein Begehr;

---

[1]) Sie werden, ihrer Habe, ja selbst ihrer Kleider beraubt, in die Gefangenschaft geführt.

[2]) Bei dem Zusammenbruch des Staats, auf den in der vorhergehenden Zeile angespielt ist, wissen auch die weisen Richter, d. h. die Führer des Volks, kein Heilmittel anzugeben.

[3]) Der Gürtel ist das Symbol der Kraft und Wehr.

[4]) Der Dichter scheint an geheimnisvolle Verbrechen zu denken, die Gott an das Licht bringt.

[5]) In die Gefangenschaft.

Denn ihr legt Lügenpflaster auf die Wunde,
Und leid'ge Pfuscher seid ihr allzumal.
O wenn ihr doch nur stille schweigen wolltet,
So könnte das als eure Weisheit gelten!
Hört zu, was ich an euch zu tadeln habe,
Und merket auf die Rüge meiner Lippen:
Ihr wolltet Gott zu Liebe Unrecht reden?
Und Ihm zu Liebe wollt ihr Trug vorbringen?
Parteiisch wollt ihr sein für Seine Sache?
Als Anwalt Gottes wagt ihr aufzutreten?
Wird's euch bekommen, wenn Er euch erforscht?
Wollt ihr Ihn täuschen, wie man Menschen täuscht?
Nein, Strafe wird Er über euch verhängen,
Wenn ihr versteckt für Ihn Partei ergreift.
Ja, Seine Hoheit wird euch zittern machen,
Und Seine Schrecken werden auf euch fallen.[1]
Wie Asche stäubt zerstäuben eure Sprüche,
Wie eine Lehmwand fallen eure Schanzen!
So schweigt mir still und laßt mich, daß ich rede,
Mag über mich ergehen, was da will!
Ich will mein Fleisch in meine Zähne nehmen
Und meine Seele auf die Hände legen.[2]

---

[1] Die Unwahrhaftigkeit und Parteilichkeit der Freunde besteht darin, daß sie Gottes Gerechtigkeit bei der Verhängung von Hiobs Leiden mit Hiobs Sündhaftigkeit begründen wollen, obwohl sie ganz gut wissen, daß Hiob kein Sünder ist. Sie sagen die Unwahrheit zur höheren Ehre Gottes. Freilich thun sie es vorläufig nur „versteckt", sofern sie die Vorwürfe gegen Hiob nicht offen aussprechen, sondern nur mehr oder minder verständliche Andeutungen machen. Diese innerlich unwahre Verteidigung Gottes durch die Freunde ist es, die ihn am Schluß (42,8) veranlaßt zu den Freunden zu sagen: Ihr habt nicht richtig von mir gesprochen wie mein Knecht Hiob.

[2] Von diesen beiden sprichwörtlichen Redensarten bedeutet die letzte: „Das Leben in die Schanze schlagen", die eigne Seele

Er töte mich! Ich habe nichts zu hoffen!
Nur meine Unschuld will ich Ihm beweisen.
Auch das schon soll mir als ein Glück erscheinen,
Denn vor Sein Antlitz darf kein Heuchler treten.

O höret, höret meiner Rede zu,
Und mein Beweis erreiche euer Ohr.
Ich bin auf meinen Handel wohl gerüstet
Und weiß es, daß das Recht auf meiner Seite.
Wer wagt es — wer? — mir solches zu bestreiten?
Wenns einer wagt, dann will ich stumm verscheiden! —
Nur zweierlei thu' mir nicht an! Dann will
Vor deinem Antlitz ich mich nicht verbergen:
Laß deine Hand nicht länger mich erdrücken,
Und laß die Angst vor dir mich nicht betäuben —
Dann rufe, daß ich Rede stehe, oder
Laß mich dich fragen, und du gieb Bescheid!

Wie groß ist denn die Menge meiner Sünden?
Laß meine Schuld und Missethat mich wissen!
Warum verhüllest du dein Angesicht?
Betrachtest mich als deiner Feinde einen?
Willst ein verwehtes Blatt du zittern machen?
Macht dir's Vergnügen, dürre Spreu zu jagen,
Daß du mir bittre Strafen zudiktierst,
Mich büßen läßt die Sünden meiner Jugend?

---

dem Feinde gewissermaßen auf den Händen entgegentragen. „Das Fleisch in die Zähne nehmen" muß nach dem Gesetz des Parallelismus einen verwandten Gedanken ausdrücken und wird demnach bedeuten: den letzten Versuch machen, sich durchzuschlagen, also unter Umständen auch direkt in den Tod zu rennen. Das Fleisch ist das eigne Fleisch, das man mit den Zähnen festhält. Dergleichen läßt sich das scherzhafte: die Beine unter die Arme nehmen.

Du legtest meine Füße in den Block[1]);
Wo mir ein Ausweg bleibt, bewachst du ihn;
Ziehst einen Bannkreis um die Sohlen mir,
Mir, einem Manne, der schon morsch zerfällt
Wie ein von Mottenfraß zerstörtes Kleid! —
Der Mensch, vom Weib geboren, kurz von Tagen
Und satt der Unruh' blüht wie eine Blume
Und welkt, flieht wie der Schatten, bleibet nicht.
Und wider den hältst du dein Auge offen?
Mich ziehest du vor deinen Richterstuhl?
Ja, wär' ich einer rein, wo alles frevelt! —
Wenn seine Tage fest beschlossen sind,
Und seiner Monde Zahl steht fest bei dir,
Wenn du ihm Ziel gesetzt unüberschreitbar,
So blicke von ihm, daß er Ruhe finde,
Sich seiner Tage wie der Sklave freue!

Ein Baum hat Hoffnung; wird er abgehauen,
So treibt er nach, sein Schößling hört nicht auf.[2])
Ob seine Wurzel in der Erde altert,
Und ob sein Stamm im Staub der Erde stirbt —
Er grünt doch wieder vom Geruch des Wassers
Und treibt Gezweig als wär' er neu gepflanzt.
Doch stirbt der Mann, ist seine Kraft dahin;
Verschied der Mensch — sag an, wo bleibt er dann?
Verronnen ist das Wasser aus dem See,

---

[1]) Ein Holzblock, in den die Füße der Gefangenen gezwängt wurden, damit sie nicht entfliehen konnten. Natürlich ist der Ausdruck ein Bild für Hiobs Leiden.

[2]) Im Orient werden, wie z. B. teilweise auch am Rhein, altgewordene Weinstöcke, Feigenbäume u. a. abgehauen, und treiben dann aus der Wurzel neue Schößlinge, als wären's junge, neu gepflanzte Bäume.

Der Strom versiegt, die Woge rauscht nicht mehr —
Der Mensch hat sich gelegt und steht nicht auf,
Die Himmel schwinden — er erwacht nicht mehr,
Nichts weckt ihn auf aus seinem Todesschlaf. —

O daß du mich im Reich der Schatten bärgest
Und mich verstecktest, bis dein Zorn sich legt,
Ein Ziel mir setztest und dann mein gedächtest! —
Wie? — Kann man sterben und doch wieder
leben?¹) —
Dann wollt' ich alle meine Kampfestage
Geduldig tragen, bis ich abgelöst.
Du riefest mir — ich wollte Antwort geben;
Du sehntest dich nach deiner Hände Werk;
Du zähltest sorglich alle meine Schritte²),
Auf meine Sünde gäbst du nicht mehr acht;
Versiegelt ruht' im Beutel mein Vergehn³),
Durchstrichen wäre meine Schuld von dir.

Doch nein! — Ein Berg mag wohl im Fall zer=
bröckeln,
Ein Fels mag wohl von seiner Stelle gehn,
Das Wasser mag wohl Kieselsteine runden
Und flutend mit sich fort die Erde reißen —
Dem Menschen läßt du keine Hoffnung über.⁴)
Du faßt ihn an — auf ewig sinkt er hin —
Entstellst sein Angesicht⁵) und schickst ihn fort.

---

¹) Sein oder Nichtsein, das ist hier die Frage.
²) Wie eine Mutter bei ihrem Kinde, das die ersten Geh=
versuche macht.
³) Es wäre ad acta gelegt.
⁴) Selbst das Festeste und Beständigste in der Natur ist
veränderlich; das Todesschicksal des Menschen dagegen ist unab=
änderlich und hoffnungslos.
⁵) In der Krankheit und im Todeskampf.

Zu Ehren kommt sein Kind — er weiß es nicht,
Und sinkt in Schmach — er wird es nicht gewahr.
An seinem Leib nur mag er Schmerzen haben,
Am eignen Kummer seine Seele laben!¹)

Drauf Eliphas aus Theman also sprach:
Thut das ein Weiser: wind'ge Reden führen?
Mit Sturm aus Osten seine Lungen blähen?
Mit müßigem Geschwätz sein Recht beweisen?
Mit Worten, die zu gar nichts helfen können?
Dazu zerstörst du alle Frömmigkeit
Und thust der Andacht vor dem Höchsten Eintrag.
Denn deine Schuld macht deinen Mund gelehrig,
Und du erwählst die Sprache der Verschmitzten!²)
Dein eigner Mund verurteilt dich, nicht ich,
Die eignen Lippen zeugen wider dich!

Bist du geboren als der Menschen erster,
Zur Welt gebracht, eh' denn die Berge wurden?
Hast du im Rate Gottes zugehört,
Und von der Weisheit für dich unterschlagen?

---

¹) In der Unterwelt hat alles Hassen und Lieben, hat jede Verbindung mit der Oberwelt, auch mit den nächsten und liebsten Angehörigen aufgehört. Allerdings ist den Verstorbenen nicht jede Empfindung entschwunden, wie der Mensch im Tode ja auch nicht völlig vernichtet wird. Aber es sind nur egoistische Regungen übrig geblieben; der Schatten des Verstorbenen betrauert ausschließlich sein eigenes Schicksal. Dieser Schatten, obgleich eigentlich wesenlos, wird doch wieder als aus Leib und Seele bestehend vorgestellt. Die physischen und seelischen Schmerzen über die durch den Tod herbeigeführte Vernichtung sind das einzige Gefühl, das dem Menschen nach dem Tode bleibt.

²) Die Verschmitzten suchen die eigne Gottlosigkeit dadurch zu verhüllen, daß sie dem Gegner die Schuld zuschieben. So macht es Hiob Gott gegenüber.

Was weißt du denn, das wir nicht alle wüßten,
Und was verstehst du, das uns nicht bekannt?
Ein graues Haupt ist auch bei uns, ein Greis,
An Tagen reicher als dein Vater war!¹)

Ist dir zu schlecht, was Gott an Trost dir bietet²),
Zu schlecht das Wort, das sanft mit dir verfährt?
Was reißt dein ungestümes Herz dich fort,
Und was besagt das Rollen deiner Augen,
Daß gegen Gott du wendest deine Wut,
Und solche Worte deinem Mund entfahren? —
Was ist der Mensch, um fleckenlos zu sein,
Der Weibessohn, daß er gerecht erscheine?
Selbst Seinen Heil'gen mag Er nicht vertraun,
Der Himmel ist nicht rein in Seinen Augen,
Geschweige ein Verruchter und Verderbter,
Ein Mensch, der Frevel wie das Wasser trinkt!

Ich will dich unterweisen, hör' mir zu;
Was ich geschaut, das will ich dir erzählen,
Was weise Männer künden, nicht verhehlend,
Was sie von ihren Vätern überkommen,
Die noch für sich allein das Land bewohnten,
Ganz unberührt von jeder fremden Art:
Ein Frevler muß tagtäglich Qualen leiden,
So viele Jahr' sein Wüten dauern soll.
In seinen Ohren tönen Schreckenslaute,
Im tiefsten Frieden naht ihm der Verwüster.
Dem Dunkel³) zu entgehn vertrau er nicht —
Schon hat des Schwertes Blinken ihn erspäht!

---

¹) Eliphas meint sich selbst.
²) Eliphas nennt seine eignen Worte Tröstungen Gottes, weil er sie auf göttliche Offenbarung zurückführt; vgl. 4,12 ff.
³) Dem Unglück.

Er schweift umher nach Brot — „wo find' ich's? — wo?" —
Sieht neben sich den Tag des Unheils gähnen.
Ihn schwindelt — Angst und Bangen wirft ihn nieder,
Ein König, der zum Sturm gerüstet steht!
Denn wider Gott hat er den Arm erhoben,
Voll wilden Trotzes wider den Allmächt'gen.
Mit steifem Nacken rannte er Ihn an
Gedeckt von seiner Schilde dichter Wölbung.
Wit Fett hat er sich sein Gesicht verdeckt,
Zum Schutz der Lenden muß der Schmerbauch dienen![1]
Er wagt's, zu siedeln in verfemten Städten[2],
In Häusern, der Verlassenheit geweiht,
Bestimmt in Schutt und Trümmer zu verfallen.
Reich macht's ihn nicht, sein Gut hat nicht Bestand,
Und seine Ähre neigt sich nicht zur Erde.[3]
Aus finstern Schatten kommt er nicht heraus;
Sein Sproß verdorrt in Flammenglut; er selbst
Vergeht, von Gottes Odem fortgeblasen.
Er setz' auf Unrecht nicht Vertraun — es trügt,
Denn Böses tauscht er für die Bosheit ein.
Schon vor der Zeit erfüllt sich sein Geschick,
Sein Palmenwedel hat das Grün verloren.
Er raubt sich wie der Weinstock seine Beeren[4],

---

[1] Das Fett, das Symbol der Gefühllosigkeit, ist das Visier und der Panzer, mit denen der Sünder sich gegen die Streiche der göttlichen Ermahnung wappnet.

[2] Die Habgier des Frevlers ist so groß, daß er sich sogar an Stätten, auf denen ein göttlicher Fluch ruht, ansiedelt.

[3] Sie kommt nicht zur Reife. Die Übersetzung der Stelle ist jedoch unsicher.

[4] Das Bild ist von dem Weinstock hergenommen, an dem aus irgend einem Grunde die Beeren vor der Reife verderben.

Wirft wie der Ölbaum seine Blüten ab!¹)
Denn ohne Frucht bleibt der Verruchten Rotte,
Und feiler Leute Zelte frißt das Feuer!
Mit Unheil schwanger gehn und Müh' gebären,
Das ist der Trug, den sie sich selbst bescheren!

Darauf erwidert' Hiob ihm und sprach:

Dergleichen hab' ich nun genug gehört,
Ihr seid mir leid'ge Tröster allzumal!
Sind deine wind'gen Reden nun zu Ende?
Und was veranlaßt deine bittern Worte?
Wärt ihr an meiner Statt — das könnt' ich auch:
Zu Reden wider euch die Worte fügen,
Bedauernd schütteln über euch mein Haupt,
Mit meinem Mund euch Trost und Kraft bescheren,
Und lindern mit dem Beileid meiner Lippen! —

Red' ich — mein Schmerz wird darum nicht gelindert,
Und lasse ich's — er weicht doch nicht von mir.
Hat Er doch nunmehr meine Kraft erschöpft!
Verödet hast du meinen ganzen Kreis,
Hast mich gepackt — das muß als Zeuge gelten,
Der lügnerisch sich wider mich erhebt.²)
Sein Grimm zerfleischet und befehdet mich;
Er fletscht die Zähne wütend mir entgegen;
Mein Feind wetzt³) seine Augen wider mich.

Die Veranlassung zu dieser Fäule wird in dichterischer Weise dem Weinstock selbst zugeschrieben.

¹) Der Ölbaum setzt nur jedes zweite Jahr Früchte an, im anderen Jahr fallen die Blüten taub ab.

²) Hiobs Leiden sind Zeugen, die seine Schuld behaupten; aber es sind falsche Zeugen.

³) Wie ein Schwert. Die feindselig flammenden Blicke, die Gott auf Hiob wirft, blitzen wie ein Dolch.

Sie aber stehn mit aufgeriß'nem Maul[1]
Und thun mir Schande an mit Backenstreichen,
Sie allesamt sich wider mich vereinend.
An Buben hat mich Gott dahingegeben,
Mich fortgeworfen in der Frevler Hände! —
Ich lebte sicher, da brach Er mich nieder,
Packt' mich im Nacken, schüttelt' meine Glieder
Und machte mich zur Scheibe Seines Zorns.
Nun schwirren Seine Pfeile um mich her,
Durchbohren meine Nieren schonungslos
Und schütten meine Galle auf die Erde.
Er bricht sich Bresch' auf Bresche, läuft mich an
Als gält' es einem Helden, — aber ich —
Den här'nen Sack auf meine Haut geheftet
Senk' ich mein stolzes Horn tief in den Staub.
Mein Antlitz glüht von meinen heißen Thränen,
Und Todesschatten decken meine Wimpern,
Und doch klebt keine Schuld an meinen Händen,
Und doch ist rein und lauter mein Gebet!

Deck', Erde, ungesühnt mein Blut nicht zu![2]
Laß meinen Wehruf keine Ruhstatt finden!
Auch jetzt noch bleibt im Himmel mir mein Zeuge,
Dort in den Höhen thront der Bürge mein.

---

[1] Sie lachen aus vollem Halse über Hiobs Unglück.
[2] So lange das vergossene Blut, das als Sitz der Seele gilt, nicht mit Erde zugedeckt ist, schreit es nach Rache zum Himmel. Hiob sieht seinen Tod bereits eingetreten; er betrachtet ihn, weil er unschuldig ist und in der Mitte der Jahre dahingerafft wird, als einen Mord, für den der Bluträcher eintreten muß. Diesen Bluträcher aber hofft Hiob — das ist der bedeutsame Umschlag seiner Stimmung — in Gott selbst zu finden, an den er sich nun immer enger anklammert, wenn er sein Thun auch nicht versteht.

Wenn meine Freunde zum Gespött mich machen,
Hebt sich zu Gott mein thränenfeuchter Blick,
Daß Er mir armem Manne Recht verschaffe
So gegen Sich[1]) wie gegen meine Freunde.
Denn nur noch wen'ge Jahre werden kommen,
Dann geh' den Pfad ich, drauf kein Wiederkommen!

Gebrochen ist mein Geist, mein Tag erloschen,
Die Gräberstätte wartet meiner schon.
Da treiben sie fürwahr noch Spott mit mir!
Bei ihrem Zanken muß mein Aug' verweilen![2])
Sei du mein Bürge! stell dich gegen dich!
Hier meine Hand! sonst schlägt ja keiner ein!
Denn ihnen hast du den Verstand verschlossen,
Darum wirst du sie auch nicht siegen lassen.
Wer seinen Freund zur Pfändung überweist,
Dem schmachten hin die Augen seiner Kinder![3])

Er stellt mich hin, den Völkern zum Gespött!
Ins Angesicht muß ich mir speien lassen,
So daß vor Gram mein Auge trübe ward,
Und meine Glieder nur ein Schatten sind!
Wer redlich denkt und rein ist, steht entsetzt
Und sieht empört der Gotteslästrer Sieg.
Und dennoch, der Gerechte weichet nimmer,

---

[1]) Hiob kämpft den schweren Konflikt, daß er einerseits von Gott allein seine Rechtfertigung erwarten kann, und ihn anderseits für seinen grausamen Verfolger halten muß.

[2]) Ich muß ansehen, wie sie mit mir zanken und hadern, statt mich zu trösten.

[3]) Wer so wenig wirkliche Teilnahme für den Freund hat, daß er ihn pfänden läßt, wenn dieser ihm etwas schuldet, der wird dadurch gestraft, daß seine eigenen Kinder hinsiechen. Mögen die Freunde Hiobs sich das merken, denn ihr Verhalten ist nicht weniger lieblos als das jener Gläubiger.

Die reine Hand gewinnt stets neue Kraft!¹)
Wohlan denn, kommt nur alle miteinander,
Ich finde keinen Weisen unter euch. —

Dahin sind meine Tage und zerrissen
Liegt, was mein Herz als lieben Wunsch geplant.
Sie aber wollen Nacht zum Tage machen,
Licht sei mir näher als die Finsternis.
Hoff' ich im Totenreich mein Haus zu bauen,
Zu betten mich in Finsternis und Grauen —
Ist mir das Grab und sein Gewürm vertraut,
Als nennt' ich's Vater, Mutter, Schwester traut —
Wo bleibt die Hoffnung dann? Und wer erdächte
Was mir noch eine andre Hoffnung brächte?
Des Todes Riegel halten sie gefangen,
So wahr im Staub wir all' zur Ruh' gelangen!

Drauf Bildad, der von Schuach, also sprach:

Wie lange wollt ihr diese Wortjagd treiben?
Kommt zu Verstand und darnach laßt uns reden!²)
Warum behandelt ihr uns wie das Vieh,
Und seht uns an, als wären wir vernagelt?
Thor, der in seiner Wut sich selbst zerfleischt —
Soll deinetwillen sich die Erd' entvölkern?³)
Der starre Fels von seiner Stelle rücken? —
Ja wohl erlischt des Gottvergeßnen Licht,

---

¹) Auch die schwersten Leiden dienen dem Frommen nur dazu, ihm stets neue Kraft zum Ausharren zu verleihen.

²) Bildad redet außer Hiob auch dessen Gesinnungsgenossen an. Er kann in Hiobs Reden nichts als ein sophistisches Wortgefecht finden.

³) Sollen um deinetwillen die ewig feststehenden göttlichen Ordnungen, wonach Frömmigkeit mit Glück, Gottlosigkeit mit Unglück vergolten wird, aufgehoben werden?

Und seines Feuers Flamme bleibt nicht glänzen.
In seinem Zelt verfinstert sich das Licht,
Und seine Leuchte über ihm¹) erlischt.
Sein rüst'ger Schritt wird kurz und immer kürzer,
Sein eigner Anschlag stürzt ihn ins Verderben.
Denn seine Füße treiben ihn ins Garn,
Und über Schlingen wandelt er dahin.
Schon hält ein Fangstrick seine Ferse fest,
Und über ihm zieht sich die Schlinge zu.
Am Boden liegt für ihn ein Strick versteckt,
Und auf dem Pfad erwartet ihn die Falle.
Von allen Seiten schrecken ihn Gefahren
Und hetzen ihn auf jedem Schritt und Tritt.
Gepeitscht von Hunger naht ihm sein Verderben,
Das Unheil klammert sich an seine Seite.
Es frißt ihn Stück für Stück samt Haut und Haar —
Es frißt ihn auf des Todes Erstgeborner!²)
Die Hoffnung ist aus seinem Zelt gerissen —
Dem Kön'ge aller Schrecken³) treibt er zu.
Wildfremde Art besiedelt seine Hütte,
Und Schwefel regnet nieder auf sein Feld.
Nach unten hin verdorren seine Wurzeln,
Und oben welken seine Zweige hin.
Es schwindet sein Gedächtnis auf der Erde,
Und weit und breit wird nicht genannt sein Name.
Man stößt ihn aus dem Licht in tiefes Dunkel
Und treibt ihn weg vom weiten Erdenrund.
Nicht Sproß noch Schoß bleibt ihm in seinem Volk,
Nicht einer, der zum Gastfreund ist entronnen.

---

¹) Die Laterne hängt in der Mitte des Zeltes von oben herab.
²) Der Aussatz.
³) Dem Tode.

Der Osten und der Westen stehn entsetzt
Von Schauder übermannt ob seines Endes. —
Ja, ja — so geht's dem Heim des Ungerechten,
Und so der Stätte jedes Gottverächters!

Darauf erwidert' Hiob ihm und sprach:
Wie lange wollt ihr meine Seele plagen?
Wie lang' mit euren Reden mich zermalmen?
Zum zehnten Male schon beschimpft ihr mich
Und schämt euch nicht, mich grausam zu mißhandeln!
Und hab' ich wirklich auch einmal gefehlt,
So nächtigt doch mein Fehl allein bei mir.[1])
Wollt ihr euch richtend über mich erheben,
So mögt ihr meine Schande erst beweisen! —
Erkennt es doch: mein Recht hat Gott gebeugt;
Er hat Sein Netz mir über's Haupt geworfen!

Seht her, ich schrei' "Gewalt" — Er hört mich nicht;
Ich klage laut und finde doch kein Recht.
Unübersteigbar ist mein Weg vermauert,
Auf meinem Pfade lagert Finsternis.
Er hat mir meine Ehre ausgezogen
Und meine Krone mir vom Haupt gestoßen.
Ringsum bricht Er mich ab — ich fahr' dahin,
Wie einen Baum reißt Er mein Hoffen aus,
Läßt wider mich entbrennen Seinen Zorn
Und sieht mich an als Seiner Feinde einen.

---

[1]) Hiob behauptet nicht, sündlos zu sein; daß er sich versehentlich einmal vergangen haben kann, giebt er zu. Aber dies Vergehen ist vielleicht nicht einmal ihm selbst bekannt. Jedenfalls sind solche Versehensfünden ausschließlich seine Sache, die er mit seinem Gott abzumachen hat, in die aber die Freunde nicht hineinzureden haben.

Gesammelt rücken Seine Scharen an,
Sie werfen gegen mich den Sturmwall auf
Und lagern sich rings um mein Zelt herum.

Die eignen Brüder hält Er von mir fern,
Die freund mir waren, sind mir feind geworden.
Die Allernächsten haben mich verlassen,
Und die Bekannten haben mich vergessen!
Ein Fremder bin ich meinem Hausgesinde,
Der eignen Mägde Auge kennt mich nicht.
Ich rufe meinen Knecht — er hört mich nicht,
Ich muß ihm bettelnd gute Worte geben!
Vor meinem Atem ekelt meinem Weibe,
Und meine Kinder fliehn mich wie die Pest.
Unreife Buben treiben Spott mit mir,
Und fahr' ich auf, so höhnen sie mir nach.
Ein Abscheu ward ich den Vertrauten allen,
All' was ich einst geliebt ist gegen mich.
Mein Fleisch verfault mir unter meiner Haut;
Bis an die Zähne hab' ich nichts geborgen!
Erbarmt euch mein! Erbarmt euch, lieben Freunde,
Denn Gottes Hand hat mich zum Tod getroffen!
Warum wollt ihr mich auch wie Gott verfolgen,
Warum so unersättlich mich zerfleischen? —

O, würden meine Worte aufgeschrieben!
Ein Buch! Ein Buch, sie darin einzutragen!
Mit Eisenstift grabt sie dem Erze ein
Und meißelt sie in ew'ges Felsgestein:
Ich weiß — ich weiß, daß mein Erlöser[1] lebt

---

[1] Wörtlich: „Mein Rächer", der mir zu meinem Recht verhilft und meine von den Freunden angegriffene Ehre rettet. Das wird geschehen, wenn Hiob nach seinem Tode Gott schaut, der ihm dann nicht mehr feindlich gesinnt ist. Dies Schauen

Und unvergänglich überm Staube schwebt.[1])
Ist diese morsche Haut, dies Fleisch vergangen,
Werd' ich zum Schauen Gottes hingelangen.
Ich werd Ihn sehen — Er ist wieder mein —
Mit Augen sehn und Ihm nicht fremd mehr sein.
Danach verzehrt mein Herz sich in der Brust. —
Sagt ihr nun noch: „Auf, laßt uns ihn verfolgen,"
Und in mir selber lieg' der Grund der Sache[2]),
So mögt ihr vor dem Schwerte für euch bangen,
Denn grimmer Zorn verstört die Ungerechten.
Ja, daß ihr's wißt: es giebt noch ein Gericht! —

Darauf sprach Zophar, der aus Naama:

Darum[3]) giebt mir mein Sinn die rechte Antwort,
Und weil es allzu mächtig in mir stürmt.
Beschimpfenden Verweis muß ich vernehmen,
Und Wind erwidert er auf meine Einsicht. —

Kennst du denn nicht die alte, alte Wahrheit —
So alt als Menschen auf der Erde leben —

Gottes ist die höchste Seligkeit, und wiegt alle jetzigen Leiden weit auf.

[1]) Wörtlich: „Und als Letzter über dem Staube besteht." „Der Letzte", oder vollständiger: „Der Erste und der Letzte" heißt Gott auch Jesaias 44,6, weil er allein übrig bleibt, wenn alles Irdische vergangen ist. Der Staub ist die Erde mit ihren Bewohnern, die aus Staub geworden sind und wieder zu Staub werden. Gott besteht, d. h. er dauert, bleibt, wie Jesaias 40,8 dasselbe vom Worte Gottes gesagt wird. Diese Erklärung wird durch das poetische Gesetz des Parallelismus bestätigt, nach welchem in der zweiten Vershälfte ein Gedanke zu erwarten ist, der dem in der ersten Vershälfte ausgesprochenen verwandt ist.

[2]) Der Grund meiner Leiden.

[3]) Weil es, wie du ganz richtig bemerkst, noch ein Gericht giebt.

Daß kurze Zeit nur währt der Frevler Jubel,
Des Sünders Lust nur einen Augenblick?
Ob auch sein Stolz sich bis zum Himmel hebt,
Und ob sein Haupt bis an die Wolken reicht:
Wie Dung im Feuer schwindet er dahin[1]),
Daß, wer ihn kannte, fragt: „Wo blieb er nur?"
Spurlos verfliegt er, wie ein Traum verfliegt,
Er wird verscheucht wie ein Gesicht der Nacht.
Das Aug', das ihn geschaut, schaut ihn nicht wieder,
Und seine Heimat sieht ihn nimmermehr.
Die Kinder buhlen um die Gunst der Armen[2]),
Denn seinen Raub mußt' er zurückerstatten.
Schwellt seinen Leib auch noch der Jugend Kraft —
Sie muß mit ihm sich in die Erde betten.
Wie süß auch seinem Mund das Böse schmeckt,
Und wie er's unter seiner Zunge birgt,
Es spart und schont, damit sein Gaumen sich
Noch lange am Zurückgehaltnen letze —
In seinen Eingeweiden wandelt sich
Die süße Speise um in Natterngalle.
Das Gut, das er verschlungen, speit er aus,
Gott zwingt den Bauch, es wieder herzugeben;
Und weil er voll sich sog von Natterngift,
So wird der Viper Zunge nun sein Tod!
Sein Auge darf nicht auf den Bächen weilen,
In denen wogend Milch und Honig strömt.
Was er erwarb, das giebt er ungenossen
Zurück, und wird des reichen Tauschs nicht froh!
Denn Arme schlug er nieder, ließ sie liegen,

---

[1]) Der getrocknete Kameldünger wird in der Wüste als Feuerung gebraucht.

[2]) Selbst bei den Armen müssen die Kinder des reichen Sünders betteln.

Und raubt' ein Haus, das er doch nicht gebaut.
Er kennt in seinem Bauche kein Genügen —
Doch mit dem Liebsten selbst entkommt er nicht.
Und weil vor seiner Gier nichts übrig bleibt,
So hat auch seine Habe nicht Bestand.
Er leidet Not in seines Reichtums Fülle
Und fällt dem vollen Elend in die Hände.
Da — um zu füllen seinen gier'gen Bauch
Schickt Gott ihm Seines Zornes Feuergluten
Und lässet auf ihn regnen Seine Speise.[1])
Will er dem Eisenpanzer schnell entfliehn —
Alsbald durchbohret ihn der eh'rne Bogen.
Er reißt's heraus — da kommt's aus seinem Rücken,
Aus seiner Galle fährt der blanke Stahl,
Und Todesschrecken kommen angezogen.
Die dunkle Nacht allein erbt seine Schätze;
Ihn frißt ein Feuer, das kein Mensch[2]) entfacht,
Und weidet ab den Rest in seinem Zelt.
Der Himmel decket seine Sünde auf,
Und unter ihm bäumt sich empört die Erde.
Ins Elend[3]) geht, was er im Speicher häufte,
Hinweggespült am großen Zornestage. —
Das ist des Freolers Los aus Gottes Hand,
Das Erbe, das der Höchste ihm verheißen.

Darauf erwidert' Hiob ihm und sprach:

Hört mich, ich bitt' euch, höret meine Rede;
Das sei der Trost, den ich von euch begehre.
Hört mir geduldig zu, solang' ich spreche,
Und dann, wenn ich geredet, magst du höhnen. —

---
[1]) Ein Manna für den Gottlosen.
[2]) Sondern Gott.
[3]) Die Verbannung.

Hab' über einen Menschen ich zu klagen?[1]
Hab' ich zur Ungeduld nicht guten Grund?
Hört auf mein Wort, und packt euch dann ein Grauſen,
So legt die Hand verſtummend auf den Mund.
Schon dran zu denken macht mich ſo erſchrocken,
Daß mich ein kalter Schauder überläuft:
Wie kommt es, daß die Frevler leben dürfen?
Je mehr ſie altern, deſto mächt'ger werden?
Ihr Nachwuchs ſteht geſund an ihrer Seite,
Vor ihren Augen ſpielen ihre Sproſſen.
In Frieden ſteht ihr Haus, nie kommt ein Schrecken,
Und Gottes Rute fährt nie auf ſie nieder.
Ihr Stier beſpringt und wird nicht abgewieſen,
Leicht kalbt die Kuh, thut keine Fehlgeburt.
Wie Lämmer laſſen ſie die Buben tummeln,
Und ihre Kinder kommen froh geſprungen.
Sie jubeln laut bei Pauk' und Zitherklang,
Sind froh vergnügt bei der Schalmei Geſang,
Vollenden glücklich ihrer Tage Reigen,
Um endlich raſch und leicht ins Grab zu ſteigen.
Und dennoch ſprachen ſie zu Gott: „Hinweg!
Wir wollen nichts von deinen Wegen wiſſen!
Was iſt denn Gott, daß wir Ihm dienen ſollten?
Was nützt es uns mit Bitten Ihn zu plagen?"

Du meinſt[2]: „Ihr Glück bleibt ihnen nicht getreu,
Drum ſei mir ferne, was die Frevler denken!"

---

[1] Wenn Hiob nur über Menſchen zu klagen hätte, ſo könnte er ſich an Gott wenden und bei ihm Troſt ſuchen; da er aber über Gott ſelbſt zu klagen hat, ſo hat er allen Grund ungeduldig zu werden.

[2] Hiob geht nun auf einige Einwände der Freunde ein, welche ſie gegen Hiobs Behauptung vom Glück der Gottloſen geltend gemacht haben oder etwa geltend machen können. Der

Wie oft erlischt der Frevler Leuchte denn?
Wie oft kommt denn der Schrecken über sie
Und teilt Er aus in Seinem Zorn die Lose?
Wie oft sind sie denn Häcksel vor dem Wind
Und dürre Spreu entführt von Sturmesbrausen?
„Gott spart sein Unheil seinen Kindern auf."[1]
Ihm selbst sollt' Er's vergelten, daß er's fühlte!
Sein Auge sollte sein Verderben sehn,
Er selbst die Zornglut des Allmächt'gen trinken!
Was kümmert ihn sein Haus nach seinem Tode,
Ward ihm nur seiner Monde Zahl zu teil!?

„Wie? Will er Gott sogar die Weisheit lehren,
Der doch die hohen Himmelsgeister richtet?"[2]
Der eine stirbt im Vollbesitz des Glücks[3]
Vollkommen wohlgemut und sorgenfrei.
Aus vollen Kufen schöpft er seine Milch
Und tränkt damit das Mark in seinen Knochen.
Der andre stirbt in bittrem Herzeleid,
Ohn' daß er je vom Glück gekostet hätte;

---

erste Einwand ist die angeblich kurze Dauer ihres Glückes. Hiob weist nach, wie wenig stichhaltig diese Behauptung ist.

[1] Der zweite Einwand.

[2] Auch dies sind Worte der Freunde. Da sie keine Einwendungen mehr vorzubringen wissen, machen sie Hiob nun den Vorwurf, er wolle Gott meistern. „Wagt Hiob es sogar, Gott vorzuschreiben, wie und wann er das Gericht an den Gottlosen vollziehen soll? obgleich er doch weiß, daß Gott noch ganz andere Wesen richtet als die armen Erdenbewohner?"

[3] Hiob geht anf den allgemein gehaltenen Vorwnrf der Freunde direkt gar nicht ein, und schildert, um zu zeigen, wie es mit dem gepriesenen göttlichen Gericht steht, einfach die nackte Wirklichkeit, die von einer weisen Weltregierung Gottes nichts erkennen läßt.

Hiob.

Gemeinsam lagern sie sich in den Staub,
Und Moder deckt sie alle beide zu. —

Ach, ich weiß wohl, was ihr im Stillen denkt;[1]
Ich kenne euer lieblos arges Sinnen.
Doch wenn ihr sagt: „Wo blieb's Tyrannenschloß,
Und wo das Zelt, in dem die Frevler wohnten?"
So fragt bei weitgereisten Wandrern an[2]
Und achtet auf die Zeichen, die sie fanden!
Der Böse wird verschont am Unglückstage,
Am Tag der Überschwemmung schwimmt er oben!
Wer hält ihm seinen Lebenswandel vor?
Er hat's gethan! — Wer will es ihm vergelten?
Und wird dereinst zum Grab er hingeleitet,
So hält auf seinem Hügel man noch Wacht![3]
Leicht ist die Erde ihm im Thalesgrund!
Nach seinem Tod zieht alle Welt ihm nach,
Wie ihm Unzähl'ge sind vorangegangen!" —[4]

Wie nichtig ist der Trost, den ihr versprecht!
Er zeigt mir nur, daß ihr die Treue brecht![5]

---

[1] Nämlich, daß mich mein Unglück wegen meiner Sünden getroffen hat.

[2] Die Freunde behaupten: Die Wohnung des Gottlosen wird bald zerstört. Darauf erwidert Hiob: Gerade umgekehrt steht es; und wollt ihr mir das nicht glauben, so fragt doch einmal die Leute, die weit in der Welt herumgekommen sind; die werden euch schon von Beweisen (Zeichen) für das dauernde Glück der Gottlosen zu erzählen wissen.

[3] Auch der Grabhügel der gottlosen Reichen wird noch sorgfältig bewacht.

[4] Er hat zahllose Nachfolger in seinem gottlos-glücklichen Lebenswandel.

[5] Ihr habt die Treue, die ihr dem Freunde schuldet, dadurch gebrochen, daß ihr unter dem Schein des Trostes mich in liebloser Weise der Gottlosigkeit beschuldigt.

Da sprach noch einmal Eliphas aus Theman:
Kommt etwa Gott zu gut des Menschen Thun?
Nein, nur sich selber nützt der fromme Mann!
Ist's Gottes Vorteil, daß du redlich bist?
Bringt's Ihm Gewinn, wenn du unsträflich wandelst?
Bestraft Er dich, weil Er dich fürchten müßte?
Und zieht Er dich deswegen vor Gericht?
Nein, deine Schlechtigkeit ist allzu groß,
Und deine Missethat ohn' Maß und Ende.
Um Nichts hast du gepfändet deine Brüder,
Das letzte Kleid zogst du den Nackten aus;
Versagtest selbst den Wassertrunk den Matten,
Dem Hungrigen das Brot! Dein Wahlspruch war:
„Dem Ritter von der Faust gehört die Erde;
Sie hat nur Raum für angeseh'ne Leute!"
Mit leeren Händen treibst du Witwen fort,
Der Waisen schwacher Arm war leicht gebrochen.
So kam's, daß nun die Schlingen dich umringen,
Und jählings dich der Schrecken niederschlägt,
Dein Licht verlischt, dein Auge nicht mehr sieht,
Und daß des Wassers Fluten dich bedecken. —
Wohl ist Gott wie der Himmel hoch; schau nur
Der Sterne Scheitel[1]) an, wie hoch sie ragen!
Doch willst du darum sagen: „Was weiß Gott?
Wie kann Er aus der dunklen Ferne richten?
Gewölk umhüllet Ihn, daß Er nicht sieht,
Die Himmelskreise nur durchwandelt Er!"
Willst du der Vorwelt Bahnen denn betreten[2]),
Auf denen freche Sünder einst gewandelt,

---

[1]) Die Sterne, wenn sie im Scheitelpunkt stehen.
[2]) Hiob handelt ebenso sündhaft wie die berüchtigte Generation der Urzeit, deren Sünden die Sintflut herbeiführten.

Die vor der Zeit vom Schicksal sind gepackt,
An deren Stätte sich ein Strom ergoß?
Die einst zu Gott gesagt: „Hinweg von uns,"
Was könne ihnen auch der Höchste thun,
Der doch allein ihr Haus mit Segen füllte!? —
Solch' frevelhaftes Denken sei mir fern! —
Die Frommen aber sahn's und freuten sich[1]),
Die Guten riefen ihnen spottend zu:
„Ja, unsre Widersacher sind vernichtet,
Und Feuer hat den letzten Rest verzehrt!"[2])

Befreunde dich mit Ihm, dann hast du Frieden,
Und damit kömmt Sein Segen über dich.
O nimm aus Seinem Mund Belehrung an
Und birg Sein Wort in deines Herzens Kammer.
Wenn du dich demutsvoll zu Gott bekehrst,
Wenn du die Sünd' aus deinem Zelt entfernst —
O wirf das Golderz von dir in den Staub
Und Ophirs Goldsand zu der Bäche Kieseln;
Laß den allmächt'gen Gott dein Golderz sein
Und laß Ihn dir als strahlend Silber gelten —
Dann hast du am Allmächt'gen deine Wonne
Und darfst dein Antlitz frei zu Gott erheben.
Flehst du Ihn an, so wird Er dich erhören,
Und dankbar kannst du dein Gelübde lösen.
Nimmst du dir Etwas vor — es wird gelingen,
Und über deinem Wege strahlt das Licht.
Fährt abwärts er einmal — du sprichst: „Empor!"
Und wer das Auge senkt, dem wird Er helfen.

---

[1]) Leute wie der fromme Noah.
[2]) Hier denkt der Dichter wohl an den Untergang von Sodom und Gomorrha.

Selbst wer nicht frei von Sünden wird gerettet¹),
Gerettet durch die Reinheit deiner Hände.

Darauf erwidert' Hiob ihm und sprach:
Auch heute noch²) empört sich meine Klage,
Und schwere Seufzer preßt Sein Druck mir aus.
O daß ich wüßte, wie ich Ihn möcht' finden,
Gelangen könnte bis zu Seinem Thron!
So wollte ich mein Recht vor Ihm entfalten,
Beweise ohne Zahl Ihm unterbreiten.
Ich möchte wissen, was Er zu erwidern,
Erfahren, was Er mir zu sagen hätte!
Würd' Er in Seiner Allmacht mit mir rechten?
Nein, nein! nur achten würde Er auf mich.
Da würde ein Gerechter mit Ihm streiten,
Ich käm' auf immer frei von meinem Richter!

Doch geh' ich ostwärts — Er ist nicht zu finden,
Und geh' ich westwärts — ich gewahr' Ihn nicht;
Such' ich im Norden Ihn — ich seh' Ihn nicht,
Bieg' ich nach Süden ab — ich schau' Ihn nicht.
Denn³) Er weiß, welchen Wandel ich geführt —
Ich ging' wie Gold hervor, wollt' Er mich prüfen.
An Seiner Spur hat fest mein Fuß gehalten,
Und ohne Weichen folgt' ich Seinem Wege.
Von Seiner Lippen Vorschrift wich ich nie,
Barg Seines Mundes Wort in meiner Brust.

---

¹) Durch deine Gerechtigkeit. Die jüdische Lehre vom „Verdienst", nach welcher die guten Werke des Einen einem Andern von Gott zugute gerechnet werden können, liegt hier in ihren Anfängen vor.

²) Das Gespräch ist über mehrere Tage verteilt zu denken.

³) Gott will sich nicht von mir finden lassen, weil er dann meine Unschuld anerkennen müßte, und grade das will er nicht.

Er aber bleibt sich gleich — wer will Ihm wehren?
Sein Wille ist's — Er führt es auch hinaus.
Ja, was Er mir bestimmt — Er wird's vollenden
Und solcherlei hat Er noch Viel im Sinn.[1]
Darum erschrecke ich vor Seinem Blick;
Erwäge ich's, so schaudert mich vor Ihm.
Ja, Gott ist's, der mein Herz verzagt gemacht,
Der Allgewalt'ge ist's, der mich erschreckt.
Denn nicht die Unglücksnacht hat mich verstört,
Und nicht das eigne Ich, von Graun umhüllt.[2] —

Warum setzt Gott nicht Fristen zum Gericht?
Warum erscheint Sein Tag[3] den Frommen nicht?
Man rückt die Grenzen fort, man raubt die Herde,
Und läßt sie weiden auf der eignen Trift.
Den Esel der Verwaisten treibt man fort
Und nimmt der Witwe einz'ge Kuh zum Pfande.
Die Bettler stößt man schonungslos zur Seite,
Verkriechen müssen sich die Landesarmen.
Scheu wie die wilden Esel in der Steppe
Gehn sie an ihre Arbeit, Nahrung suchend;
Die Wüste giebt das Brot für ihre Kinder.
Sie ernten auf dem Feld bei dunkler Nacht
Und lesen in des Reichen Weinberg nach.
Nackt legen sie sich schlafen, ohne Kleider
Und ohne Decke bei der grimmen Kälte;

---

[1] Nämlich auch in Bezug auf andere Unglückliche außer Hiob.

[2] Nicht die Thatsache seines Leidens, nicht der Blick auf das gequälte Ich erfüllt Hiob mit Graun, sondern die Unverständlichkeit des Waltens Gottes, der den Frommen verfolgt und den Frevler gedeihn läßt.

[3] Der Gerichtstag, an dem die Frevler vernichtet werden und den Frommen ihr Recht wird.

Durchnäßt vom Regen, den die Berge senden,
Des Obdachs bar umklammern sie den Fels.¹)

Man reißt die Waise von der Mutter Brust,
Scheut vor der Armen Pfändung nicht zurück.
Nackt schleichen sie einher, beraubt des Kleides,
Und hungernd müssen sie die Garben tragen²),
Im eingeengten Hof Oliven pressen,
Die Kelter treten, und dabei verschmachten. —
Das Ächzen Sterbender tönt aus der Stadt,
Die Seele der Erschlag'nen schreit um Rache,
Gott aber schweigt bei so verkehrtem Lauf.

Und jene dort, das sind des Lichtes Feinde,
Mit Gottes Wegen sind sie nicht vertraut
Und bleiben nicht auf Seinen graden Pfaden.

Das Licht erlosch, da steht der Mörder auf,
Die Schwachen und die Armen hinzuschlachten,
Schleicht wie ein Dieb einher in finstrer Nacht. —
Des Ehebrechers Auge wartet ab
Die Dämm'rung; „Niemand", denkt er, „kann mich sehn",
Und legt noch eine Maske vors Gesicht. —
Im finstern bricht man in die Häuser ein;
Bei Tage aber hält man sich verborgen
Und scheut der Sonne alldurchdringend Licht.
Denn ihnen Allen gilt die Nacht als Morgen,
Und mit des Dunkels Grau'n sind sie vertraut.

---

¹) Sie schmiegen sich an den Felsen, um unter seinen Vorsprüngen einen Schutz zu finden. Der harte Fels ist barmherziger als die Menschen.
²) Als schlecht bezahlte Lohnknechte.

[Im¹) Flug ist er dahin, vom Strom entführt;
Vom Fluch getroffen wird sein Gut auf Erden;
Nicht sucht er fürder seinen Weinberg auf. —
Geschmolz'nen Schnee saugt Dürr' und Hitze auf —
Die Sünder läßt das Todtenreich verschwinden.²)
Vergessen wird er von der Mutter Schoß;³)
Gewürm labt sich an ihm; man nennt ihn nimmer;
Die Tyrannei wird wie ein Baum gefällt;
Er, der die einsam Unfruchtbare drückte,
Und keiner Witwe jemals Gutes that.]
Durch Seine Kraft erhält Er den Tyrannen;
Der kommt empor, am Leben schon verzweifelnd;
Gott giebt ihm Sicherheit und feste Stütze,
Und über seinen Wegen wacht Sein Auge.
[Hoch⁴) stehn sie da — im Nu sind sie vernichtet,
Sie sinken, fahren hin wie alle Welt
Und werden abgeschnitten wie die Ähre.]
Wenn's nicht so⁵) ist — wer will mich Lügen strafen
Und meiner Gründe Nichtigkeit beweisen? —

---

¹) In den folgenden zehn Zeilen wird der plötzliche und gänzliche Untergang der Sünder geschildert, wie ihn die Freunde immer behauptet haben, Hiob aber ebenso bestimmt geleugnet hat. Da Hiob sich unmöglich plötzlich zu ihrer Meinung bekehrt haben kann, so können diese Verse nicht seine Ansicht ausdrücken. Entweder sind sie von einem späteren Leser hinzugefügt, oder sie gehören ursprünglich zu einer Rede eines der drei Freunde und sind durch das Versehen eines Abschreibers an eine falsche Stelle geraten.

²) Wie die sommerliche Hitze die aus geschmolzenem Schnee entstandenen Bäche versiegen läßt, so läßt das Totenreich die Sünder verschwinden.

³) Selbst die Mutterliebe sagt sich von dem Sünder los.

⁴) Auch die folgenden drei Zeilen können aus den in Anm. 1 geltend gemachten Gründen vom Dichter nicht seinem Hiob in den Mund gelegt sein.

⁵) Daß die Frevler ungestraft sündigen.

Drauf Bildad, der von Schuach, also sprach:
Sein ist die Herrschermacht und Majestät,
Der Frieden schafft in Seinen Himmelshöhn.
Wer zählt die Scharen, denen Er gebeut?
Und alle zehren nur von Seinem Licht!
Wie könnte da der Mensch vor Gott bestehn
Und rein erscheinen der vom Weib Geborne?
Ja, selbst des Mondes Leuchten ist nur fade,
Die Sterne sind vor Seinem Aug' nicht rein;
Wie könnte denn der Sterbliche, die Made,
Das Menschenkind, ein armer Wurm, es sein?!

Darauf erwidert' Hiob ihm und sprach:
Wie hast du doch der Ohnmacht aufgeholfen
Und Hülfe schwachgeword'nem Arm gewährt!
Wie hast du Rat geschafft, wo Weisheit fehlte
Und eine Fülle Tiefblicks kund gethan!
Wer half dir nur zu solcher schönen Rede,
Und wessen Geist ist's, der aus dir gesprochen?

Von Beben[1]) wird die Geisterwelt[2]) gepackt
Tief unterm Meer und was darinnen wohnt;

---

[1]) Bildad hatte Hiob durch den Hinweis auf die göttliche Erhabenheit von der Sündhaftigkeit des Menschen und damit Hiobs eigner Sündhaftigkeit zu überzeugen gesucht. Diese Erhabenheit Gottes zu leugnen, kommt Hiob nicht in den Sinn; aber für die Folgerungen, die Bildad aus ihr zieht, hat er nur Spott. Wie wenig er die göttliche Majestät selbst anzweifelt, zeigt er, indem er nun eine weit prächtigere Schilderung von ihr giebt, als Bildad sie zu geben vermochte. Gottes Majestät erscheint nicht nur in den Sternen, sondern sie erstreckt sich über die Hölle ebenso wie über den Himmel. Und dabei ist das, was der Mensch von ihr erschaut, nur ein schwacher Abglanz der unnennbaren und unnahbaren Herrlichkeit Gottes.

[2]) Nicht allein die Schatten der Verstorbenen, obgleich, wie das folgende zeigt, auch diese nicht ausgeschlossen sind;

Die Hölle liegt vor Seinen Augen nackt,
Er schaut das Land, wo die Verwesung thront.
Den Norden[1]) spannt Er überm Reich der Leere
Und überm Nichts läßt Er die Erde hängen;
In Wolken bindet Er des Wassers Schwere,
Doch keine Wolke platzt von dessen Drängen.
Er hält verborgen Seines Throns[2]) Gefunkel,
Indem Er Sein Gewölk darüber deckt.
Da, wo die Grenze zwischen Licht und Dunkel
Hat Er des Horizontes Kreis gesteckt.[3])
Des Himmels Säulen schwanken hin und her
Und stehn erstarrt vor Seiner Donnerstimm',
Mit Macht erregt Er ungestüm das Meer,
Mit Weisheit schlägt Er nieder Rahabs[4]) Grimm;
Mit Seinem Hauch klärt Er den Himmel wieder:
Getroffen sinkt der flücht'ge Drache[5]) nieder!

Und das sind nur die Säume Seines Waltens;
Ein leises Säuseln Seines hehren Schaltens
Dringt bis zu unserm Ohr; doch wer versteht
Die Donnersprache Seiner Majestät?!

---

sondern vorweltliche übermenschliche Wesen, von denen die Sage erzählte, daß sie sich gegen Gott empörten und deswegen in die Unterwelt gestürzt wurden. Darum erzittern sie, sobald sie Gottes Blick auf sich gerichtet wissen.

[1]) Die nördliche Himmelshalbkugel mit dem Nordstern als Mittelpunkt.

[2]) Des Himmels.

[3]) Unter dem Horizont ist nach der Meinung der Alten der Ort der Finsternis.

[4]) Der mythische Meeresdrache, der das Meer selbst ist; vgl. S. 22 Anm. 6.

[5]) Das mythische Ungeheuer, das die Sonne und den Mond verfinstert; vielleicht das Sternbild des Drachen zwischen dem kleinen und großen Bär; vgl. S. 7 Anm. 5.

Darauf fuhr Hiob also fort zu reden:

So wahr Gott lebt, der mir mein Recht entzogen,
Und der Allmächt'ge, der mir Leiden schuf:
So lange noch ein Atemzug in mir,
Und Gottes Hauch in meiner Brust sich regt,
Soll meine Lippe niemals falsches reden,
Noch meine Zunge sinnen auf Betrug.[1]
Fern sei's von mir, euch jemals Recht zu geben,
Und bis zum Tod vertret' ich meine Sache.
Ich halt' an meinem Rechte unentwegt;
Kein einz'ger Tag macht mir Gewissensbisse.

[Des[2]) Sünders Los sei meinem Feind beschieden,
Das Los des Frevlers meinem Widersacher.
Was bleibt dem Sünder denn zu hoffen über,
Zieht Gott die abgeschnittne Seel' heraus?[3]

---

[1]) Ich werde niemals den Versuch machen, meine etwaige Schuld durch betrügerische Worte zu verschleiern. Ebensowenig aber werde ich in falscher Demut jemals eine Schuld zugestehn, die thatsächlich nicht auf mir lastet.

[2]) In den folgenden acht Zeilen sagt sich Hiob nicht etwa von den Sündern los, sondern er schildert ihr Schicksal als ein so schreckliches, daß er es nur seinem schlimmsten Feind anwünschen mag. Das aber widerspricht direkt seiner anderweitig über das Los der Sünder vorgetragenen Meinung. Auch dieser Abschnitt kann daher vom Dichter nicht seinem Helden Hiob in den Mund gelegt sein, sondern hat entweder zu einer Rede eines der drei Freunde gehört, oder ist eine spätere Zuthat.

[3]) Der Faden, der die Seele mit dem Leibe verbindet (s. 4,21) wird erst abgeschnitten, und dann wird die Seele aus dem Leibe gezogen. In Rückerts Savitri hat der Todesgott statt der Waffe einen Strick in der Hand, und es heißt von ihm:
Da zog er aus dem Leib des Liegenden mit Macht
Die Seel' hervor, und hielt am Strick sie mit Bedacht.
Ähnliches bei einem arabischen Dichter und bei Simrock, Deutsche Mythologie, Kap. Tod und Teufel.

Wird Gott erhören seinen Wehesschrei
Am Tag, da Angst und Not ihn überfällt?
Wird seine Lust er am Allmächt'gen haben?
Zu jeder Zeit an seinen Gott sich wenden?]
 Ich will euch über Gottes Thun belehren,
Was beim Allmächt'gen gilt euch nicht verhehlen.
Ihr Alle habt's ja selbst gesehn; warum
Wollt ihr euch denn so eitlem Wahn ergeben?
Dies ist des bösen Menschen Los von Gott,
Dies der Tyrannen Erbe vom Allmächt'gen:[1])
[Sind seiner Kinder viel, so ist's für's Schwert,
Und seine Sprossen müssen Hunger leiden.
Was übrig bleibt wird von der Pest begraben,
Und keine Witwe hält die Totenklage.
Häuft er wie Staub des Silbers Menge an
Und speichert er wie Lehm die Kleider[2]) auf:

---

[1]) Hiob bezeichnet die Meinung der Freunde über den Lauf der Welt und über das Verhalten Gottes gegen Fromme und Unfromme als eitlen Wahn, dem er die richtige Ansicht entgegensetzen will. Nun hatten die Freunde als das Los der Bösen ihren plötzlichen und gänzlichen Untergang bezeichnet. Das aber ist eben der Wahn, den Hiob berichtigen will. Man erwartet daher, im folgenden Ausführungen zu hören, in denen das dauernde Glück der Frevler und die Ungerechtigkeit des Weltlaufs aufs schärffte betont wird. Statt dessen tritt Hiob in dem jetzt vorliegenden Text der Meinung der Freunde bei und schildert die Strafen der Gottlosen ganz in denselben Farben wie sie. Will man nicht annehmen, daß der Dichter seinen Helden in flagranten Widerspruch mit sich selbst gesetzt hat — und er hat keine Veranlassung zu dieser Annahme gegeben — so bleibt nur übrig, über die folgenden zwanzig Zeilen ebenso zu urteilen, wie über V. 7—10 in diesem selben Kapitel; s. S. 59 Anm. 2.

[2]) Kleider, besonders Prachtgewänder, bildeten im alten Orient einen wichtigen Bestandteil des fürstlichen Schatzes und wurden als Auszeichnung an verdiente Männer verliehen.

Er speichert auf, daß sich der Fromme kleide,¹)
Sein Silber wird das Erbe des Gerechten.
Wie Spinngeweb' ist seines Hauses Bau,
Wie eine Hütte, die der Hüter²) machte.
Reich legte er sich hin — er thut's nicht wieder;
Er macht die Augen auf und — ist nicht mehr.
Wie Fluten³) überraschen ihn die Schrecken,
Ein Sturm entführt ihn mitten in der Nacht.
Der Ost hebt ihn empor — da hilft kein Sträuben —
Fegt ihn im Sturm von seiner Stätte fort.
Er⁴) schleudert ohne Schonung Sein Geschoß;
Vor Seiner Hand will er entfliehn, entfliehn:
Da klatschen sie frohlockend in die Hände,
Und Zischen folgt ihm, wo er geht und steht.⁵)] —

Wohl⁶) giebt es einen Fundort für das Silber
Und eine Stätte, wo das Gold man läutert.

---

¹) Der Gottlose wird keinen Genuß von seinen Gütern haben.

²) Der Obst= oder Weinberghüter, der sich eine Hütte aus dem leichtesten Material baut, die deswegen auch von einem scharfen Winde umgeweht werden kann.

³) Eine plötzliche Überschwemmung.

⁴) Gott.

⁵) Der Untergang des Gottlosen ist ein Schauspiel für die Frommen, die sein wohlverdientes Ende mit Beifallsklatschen begleiten, während sie den verhaßten Träger der Rolle auszischen.

⁶) Die vorangehende, jetzt verstümmelte Rede Hiobs, in der er das Glück der Gottlosen schilderte (s. S. 60 Anm. 1) mag etwa zum Schluß ausgesprochen haben, daß das Verhalten Gottes für den menschlichen Verstand völlig unbegreiflich sei. Die Unzulänglichkeit des menschlichen Verstandes gegenüber der göttlichen Weltregierung bildet das Thema des folgenden Kapitels. Die „Weisheit", d. i. die Einsicht in die letzten Gründe der Dinge, ist einerseits das höchste Gut, anderseits aber für den Menschen unerreichbar, da Gott sie sich selbst vorbehalten

Das Eisen holt man aus dem Staub hervor,
Zu Kupfer gießt man um das Felsgestein.
Man hat der Finsternis ein Ziel gesetzt,
Durchforschet bis zum tiefsten Winkel hin
Gestein des Dunkels und des Todesschattens.
Durch Kalkstein hat man einen Schacht gebrochen,
Und von des eignen Fußes Dienst vergessen
Fern von den Menschen schweben, schaukeln sie.
Die Erde, die das Brotkorn sprossen läßt,
Wird unten wie von Feuer umgewühlt.
Der Sapphir findet sich in ihren Steinen,
Und Stäubchen Goldes sind des Bergmanns Lohn.
Es ist ein Pfad, den selbst der Aar nicht kennt,
Und den des Falken Augen nicht erspäht,
Auf den der Tiere Fürsten nie getreten,
Auf dem der Leu niemals einhergeschritten. —
Man legt die Hand an harten Kieselstein,
Wühlt von der Wurzel auf die Berge um,
Bricht Gänge durch die Felsenwand hindurch,
Und alle Herrlichkeit schaut nun das Auge.
Der Wasseradern Sickern wird verstopft,
Und was verborgen war, kommt an das Licht.

Die Weisheit aber, wo wird die gefunden?
Wo ist der Ort, da die Erkenntnis wohnt?
Den Weg zu ihr hat noch kein Mensch entdeckt,
Man trifft sie nicht im Lande der Lebend'gen.
Die Tiefe spricht: „Sie wohnet nicht in mir!"
Es spricht das Meer: „Bei mir verweilt sie nicht!"
Sie wird nicht eingetauscht für reines Gold,

---

hat. Nicht ohne Sarkasmus nennt Hiob zum Schluß das
Surrogat, das Gott dem Menschen für die Weisheit geboten
hat: die Frömmigkeit.

Ihr Preis ist nicht mit Silber abzuwiegen.
Mit Ophirgold wird sie nicht aufgewogen
Noch mit dem edlen Onyx und Sapphir.
Kein Gold, kein Glas läßt sich mit ihr vergleichen,
Sie wird nicht eingetauscht für güldne Vasen.
Nennt nicht Krystall und nennt mir nicht Korallen,
Viel mehr als Perlen ist die Weisheit wert.
Topas aus Mohrenland kommt ihr nicht gleich,
Mit reinem Gold wird sie nicht aufgewogen.

Von woher mag denn nun die Weisheit kommen?
Wo ist der Ort, da die Erkenntnis wohnt?
Verborgen ist sie den Lebend'gen allen,
Verdeckt den Vögeln in des Himmels Höhn.[1])
Der Tod und die Verwesung[2]) müssen sagen:
Nur ein Gerücht von ihr hat uns erreicht.
Gott, Gott ist's, der den Weg zur Weisheit schaut;
Er ist mit ihrem Fundort wohl vertraut.
Denn Er schaut hin bis auf der Erde Säume,
Sein Blick durchspäht des Himmels weite Räume.
Wenn Er die Winde auf die Wage nimmt[3])
Und wenn dem Wasser Er sein Maß bestimmt,[4])
Wenn Er dem Regen ein Gebiet abzweigt,
Wenn Er dem Donnerstrahl die Wege zeigt,
Dann hat Er sie gesehn und wohl durchdacht,

---

[1]) Von wo aus sie doch alles überschauen können.
[2]) Die Unterwelt als äußerster Gegensatz zum Himmel. Auch in ihr ist die Weisheit nicht zu finden, sondern nur das Gerücht, daß es eine Weisheit giebt, ist zu ihr gedrungen.
[3]) Wenn Gott bestimmt, wie viel Wind wehen soll. Auch die unfaßbare Masse des Windes kann Gott abwägen.
[4]) Wenn Gott bestimmt, wie viel Wassermasse etwa ein Gebiet überschwemmen soll.

Sie aufgestellt und Sich vertraut gemacht.¹)
Zum Menschen aber sprach Er: „Merk es fein!
Die Furcht des Herrn soll deine Weisheit sein,
Erkenntnis heißt: Halt dich vom Bösen rein."

Darauf fuhr Hiob also fort zu reden:

O daß ich wäre wie in früh'ren Monden,
Wie in den Tagen, da mich Gott beschützte,
Als Seine Leuchte über mir erglänzte,
Bei Seinem Lichte ich durch Dunkel schritt!
O kehr' zurück, du Zeit der reichen Ernte,²)
Da Gott als Freund in meinem Zelt verkehrte,
Als der Allmächt'ge mir zur Seite war,
Und um mich meiner Knaben frohe Schar,
Als ich in Rahm die Füße baden durfte,
Und Bäche Öls mir aus dem Felsen flossen.³)

Ging ich hinaus zum Thor⁴) zur Stadt hinauf
Und stellte meinen Stuhl am Marktplatz auf —
Scheu wich zurück die Jugend, wenn ich nahte,
Und ehrfurchtsvoll erhoben sich die Greise.
Die Edlen hielten inne mit der Rede,
Die Hand verschloß den schnell verstummten Mund;

---

¹) Gott hat die Weisheit als Maß und Richtschnur für sein Walten aufgestellt und blickt bei allem seinem Thun auf sie, so daß sie ihm völlig vertraut ist. Der Dichter spricht von der weltregierenden göttlichen Vernunft, die als etwas Selbständiges Gott gegenübertritt und doch aufs Innigste mit ihm verbunden ist.

²) Wörtlich: So wie ich war in den Tagen meines Herbstes. Gemeint ist die Zeit des reifen Mannesalters, in dem Hiob die Früchte seines Lebens zu pflücken hoffte.

³) Wie sonst Quellen und Wasserbäche aus den Felsen fließen.

⁴) Zum Stadtthor hin. Hiob wohnt außerhalb der Stadt.

Der Fürsten Stimme wurde leis und leiser,
Am Gaumen blieb die Zunge ihnen kleben.
Denn wo ein Ohr mich hörte, sang's mein Lob,
Und jedes Auge ward mein stummer Zeuge.[1])
Mir[2]) lieh man gern das Ohr, geduldig lauschend,
Und schweigend hörte man auf meinen Rat.
Hatt' ich geredet, sprach kein Andrer weiter,
Doch meine Rede troff auf sie hernieder.
Sie lechzten wie dem Regen mir entgegen
Mit off'nem Munde, wie dem Frühlingsregen.
Ich lachte ihnen zu, wenn sie verzagten,
Das heitre Antlitz trübten sie mir nie.
Ging ich zu ihnen, saß ich oben an,
Wie in der Kriegerschar der König thront,
Weil ich betrübten Herzen Tröstung brachte.

Denn wo ein Armer schrie — ich war sein Retter,
Ich half der Waise, der ein Helfer fehlte.
Des schon Verlor'nen Segen ward mein Teil,
Das Herz der Wittwe machte ich frohlocken.
Mein Kleid war die Gerechtigkeit; mich schmückte
Wie Turban und Talar mein Richterspruch.
Ich war des Blinden Aug', des Lahmen Fuß,
Der Armen Vater und des Fremden Anwalt,
Zerschlug dem Rechtsverdreher sein Gebiß
Und riß ihm seine Beute aus den Zähnen.

So dacht' ich denn mit meinem Nest zu sterben,
Die Zahl der Phönixjahre zu ererben[3]);

---

[1]) Der dankbare Blick jedes Auges bezeugte mir, daß ich in schwierigen Lagen jederzeit helfend eingegriffen hatte.

[2]) Die folgenden elf Zeilen sind im hebräischen Text infolge des Versehens eines Abschreibers an eine falsche Stelle (an den Schluß des Kapitels) geraten.

[3]) Der Phönix lebt nach den Alten bis zu 1000 Jahren

Zum Wasser könne meine Wurzel streben,
Der Tau der Nacht befruchte meine Reben;
Mein Ruhm werd' stets aufs neue mir geboren,
Und meines Bogens Kraft geh' nie verloren. —
  Und jetzt verlachen mich die jüngsten Buben,
Sie, deren Väter ich nicht haben mochte
Um meine Schäferhunde zu besorgen.
Was nützte mir auch ihrer Hände Kraft?
Ist ihnen doch versagt des Lebens Reife.
Von Mangel und von Hunger ausgedorrt
Benagen sie die unfruchtbare Wüste,
Die Mutter aller Öde und Vernichtung.
Salzkräuter raffen sie am Busch zusammen,
Und bittre Ginsterwurzeln sind ihr Brot.
Man jagt sie aus der Menschen Mitte fort,
Schreit über sie wie über Diebsgesindel.
In schauerlichen Schluchten wohnen sie,
In dunkeln Löchern und in Felsenhöhlen.
Im Dorngestrüpp hört man ihr lautes Kreischen
Und unter Nesseln thun sie sich zusammen,
Die Narrenbrut, Gesindel ohne Ehre,
Das aus dem Lande ward hinausgepeitscht.[1])
  Und jetzt bin ich ihr Harfenlied geworden,
Zur Unterhaltung muß ich ihnen dienen.
Mit Abscheu treten sie von mir zurück
Und scheu'n sich nicht, mir ins Gesicht zu spei'n.
Weil Er die Sehne losließ und mich quälte,
So lassen nun auch sie die Zügel schießen." —

---

und verbrennt sich dann zugleich mit seinem aus wohlriechenden Hölzern gebauten Nest.

[1]) Der Dichter hat deutlich „fahrendes Volk" im Auge, Musikanten und Gaukler, die ja auch bei uns noch vor hundert Jahren für ehrlos galten.

Dort, rechter Hand¹), erhebt sich eine Brut²);
Sie bahnen ihrem Schrecken eine Straße;
Sie haben aufgerissen meinen Pfad;
Mein Unheil fördern sie, und Niemand hindert.
Durch breite Bresche ziehen sie herein
Und wälzen über Trümmer sich heran.
Der Schrecken hat sich gegen mich gewendet;
Wie Sturmwind jagt er meiner Ehre nach,
Und wie die Wolke ist mein Glück entschwunden. —

Und jetzt zerfließt mein Herz in mir vor Kummer;
Die Leidenstage haben mich ergriffen.
Die Nacht bohrt mir die Glieder mählich ab,
Und meine Nager³) sinken nie in Schlummer.
Durch so viel Kraft⁴) entstellt sich mein Gewand⁵),
Umgürtet mich, als wäre es mein Hemde.⁶)
Er warf mich in den Schmutz, daß ich von Staub
Und Asche nicht zu unterscheiden bin.
Ich ruf' dich an, doch du erwiderst nicht;
Ich stehe harrend, und du starrst mich an.
Zum Wütrich hast du dich für mich verwandelt;
Du packst mich an mit deiner starken Hand,
Hebst auf dein Sturmroß mich — ich fahr' dahin —
Und lässest mich vergehn in Donnerkrachen.
Ach ja, ich weiß: zum Tode führst du mich
Und zum Versammlungshaus für alles Leben. —

---

¹) Die Ortsbestimmung dient wohl nur der Veranschaulichung.
²) Die Leiden.
³) Die Schmerzen.
⁴) Die Kraft der Leiden.
⁵) Die Haut.
⁶) Infolge der starken Abmagerung hängt die Haut so lose um den Körper wie das Hemd.

Ein starker Arm bedroht doch nicht Ruinen!
Bringt das Gewinn, wenn schon der Einsturz naht?
Hab ich um Hartbedrängte doch geweint
Und mich gegrämt aus Mitleid für den Armen!¹)
 Ja, Gutes hoffte ich, und Böses kam,
Des Lichtes harrte ich, und Dunkel nahte.
Mein Inn'res ist in ruhelosem Wallen,
Mich haben Elendstage überfallen.
In Trauer geh' ich, ohne Sonnenschein,
Und klage der Gemeinde meine Pein.²)
Ich bin ein Bruder der Schakale worden,
Mag mich gesellen zu der Straußen Horden.³)
Schwarz fällt die Haut in Stücken von mir nieder⁴),
Von Hitze ausgedörrt sind meine Glieder.
Zum Trauerlied ward meiner Zither Klang,
Die Hirtenflöte bläst den Grabgesang.⁵) —

 Mit meinen Augen schloß ich einen Bund
Nie eine Jungfrau lüstern anzusehn.
Denn welches Los wär' mir von Gott geworden?
Welch' Erbe vom Allmächt'gen in der Höh'?
Verderben ist bestimmt dem Missethäter,
Verdammnis drohet allen Sündendienern.
Und Er sah ja auf alle meine Schritte,
Sein Auge zählte jeden meiner Tritte.

---

¹) Weshalb hat denn Gott mit mir kein Mitleid?
²) Hiob flüchtet in die Gemeindeversammlung, um Klage zu führen über das ihm angethane Unrecht.
³) Schakale und Strauße geben, besonders bei Nacht, einen klagenden und heulenden, tiefen Seufzern ähnlichen Ton von sich. Mit ihnen kann Hiob um die Wette klagen.
⁴) Beim Aussatz lösen sich abgestorbene Hautteile und Glieder los und fallen vom Körper ab.
⁵) Zither und Hirtenflöte spielen sonst muntere Weisen.

Wenn mit der Lüge Umgang ich gepflogen,
Und wenn mein Fuß dem Truge nachgejagt
(Gott mag mich auf gerechter Wage wiegen,
So wird Er meine Unschuld bald erkennen) —
Wenn je vom rechten Weg mein Schritt gewichen,
Wenn je mein Herz dem Auge folgsam war,
Und wenn an meiner Hand ein Makel klebte,
So will ich säen, und ein andrer esse,
Und was mir sproßt soll ausgerissen werden.

Wenn durch ein Weib mein Herz sich ließ bethören,
Und ich an meines Nächsten Thür gelauert,
So soll mein Weib für einen andern mahlen[1]),
Und andre sollen über sie sich strecken.
Denn solches wär' ein schändliches Verbrechen,
Ja, eine Schuld fürs peinliche Gericht;
Ein Feuer wär's, das bis zur Hölle frißt,
Und all mein Gut aus seinen Wurzeln risse.

Wenn ich mißachtet meines Knechtes Recht
Und meiner Magd, wenn wir im Streite waren —
Was konnt' ich thun, wenn Gott sich hätt' erhoben?
Was Ihm erwidern, wenn Er untersuchte?
Hat doch, der mich erschuf auch ihn erschaffen,
Und Einer uns im Mutterleib bereitet!

Wenn ich den Armen ihr Begehr versagte,
Wenn ich der Witwe Augen schmachten ließ,
Wenn ich allein verzehrte meinen Bissen,
Die Waise nicht ihr Teil davon genoß —
Wuchs sie mir doch heran wie einem Vater,
Von jung auf war der Witwe ich Berater —
Wenn ich den Bettler ohne Kleidung sah,

---

[1]) Die Handmühle zu drehen war der niedrigste Sklavendienst.

Den Armen ohne eine warme Hülle,
Und seine Lenden mich nicht benedeiten,
Er sich in meiner Lämmer Vließ nicht wärmte;
Wenn gegen Fromme ich die Faust geschwungen,
Weil ich am Thor[1]) des Beistands sicher war,
So soll vom Nacken mir die Schulter fallen,
Aus seinem Rohr mein Arm gebrochen werden!
Denn furchtbar war mir Gottes Strafgericht,
Vor Seiner Hoheit konnt ich nicht bestehn.

Wenn ich das Gold zu meiner Hoffnung machte,
Zum Rotgold sprach: „Du meine Zuversicht,"
Wenn ich mich freute, weil mein Schatz so groß,
Und meine Hand so viel erworben hatte;
Wenn ich die Sonn' ansah im Strahlenglanze,
Den Mond in seinem prächtig stillen Wallen,
Und heimlich sich mein Herz bethören ließ
Die Hand zum Kusse an den Mund zu führen[2]) —
Auch solches wär' ein sträfliches Verbrechen,
Denn Gott dort oben hätte ich verleugnet.

Wenn meines Feindes Not mich je erfreute,
Ich froh erregt war, wenn ihn Unglück traf —
Hab' ich doch meinem Gaumen nie gestattet
Mit sünd'gem Fluch sein Leben zu verlangen —
Wenn nicht die Männer meines Zeltes sagten:
„Wer stand von seinem Tisch je hungrig auf!" —
Der Fremdling durfte nicht im Freien nächt'gen,
Dem Wandrer hielt ich meine Thüren offen.

Wenn ich nach Weltart meinen Fehl verhüllte
Und meine Schuld im Busen heimlich barg,

---

[1]) Das Thor ist die Gerichtsstätte.
[2]) Als Zeichen der Verehrung warf man den Gestirnen,
die als Götter galten, Kußhände zu.

Weil ich mich scheute vor der großen Menge,
Und weil mir vor der Edlen Ächtung bangte,
So daß ich still mich in mein Haus verschloß;
Wenn[1]) über mich mein Acker Wehe rief,
Und seine Furchen miteinander weinten[2]),
Wenn ohn' Entgelt ich seine Kraft verzehrte
Ich seiner Herrschaft blies das Leben aus,
So sollen Disteln statt des Weizens wachsen,
Und statt der Gerste soll das Unkraut sprossen!
Ach, wer mich hören wollte! Siehe hier
Mein letzter Buchstab'! Gott erwidre mir!
O daß ich wüßte, wo die Schrift zu finden
Mit meines Widersachers[3]) Klagegründen!
Auf meiner Schulter wollt' ich stolz sie tragen,
Als Krone sollt' sie auf dem Haupt mir ragen,
Und jeden Schritt wollt' ich vor Ihm vertreten,
Ja, wie ein Fürst Ihm kühn entgegentreten!
[Ende der Reden Hiobs.]

[[4])Jene drei Männer antworten Hiob nun nicht mehr, weil er sich selbst für gerecht hielt. Da entbrannte der

---

[1]) Die folgenden sechs Zeilen sind im überlieferten Text durch das Versehen eines Abschreibers an das Ende dieses Kapitels geraten.

[2]) Der Weheruf und die Klage des Ackers kann durch zwei verschiedene im folgenden genannte Gründe veranlaßt sein: 1. dadurch, daß Hiob die „Kraft" d. i. den Ertrag des Ackers verzehrte, ohne den Arbeitern ihren Lohn zu zahlen; 2. dadurch, daß er ihn auf unrechtmäßige Weise, nämlich durch Mord des Besitzers, an sich gebracht hat.

[3]) Gottes.

[4]) Der folgende Abschnitt, Kap. 32—37, die Reden Elihus, bilden keinen ursprünglichen Bestandteil der Dichtung, vgl. die

Zorn Elihus, des Sohnes Barachels, von Buus, aus dem Geschlechte Raam. Über Hiob war er zornig, weil er sich Gott gegenüber für gerecht hielt; und über seine drei Freunde war er zornig, weil sie nicht die rechte Antwort gefunden hatten um Hiob ins Unrecht zu setzen. Elihu hatte aber mit seiner Rede an Hiob gewartet, weil jene betagter waren als er. Als aber Elihu sah, daß der Mund der drei Männer nichts mehr zu antworten wußte, da entbrannte sein Zorn. Und so hub Elihu, der Sohn Barachels von Buus, also an:

Ich bin noch jung an Jahren, ihr seid Greise,
Drum hielt ich mich zurück und scheute mich,
Euch das zu offenbaren, was ich weiß.
Ich dachte bei mir: mag das Alter reden,
Und mag der Jahre Menge Weisheit lehren.
Allein der Geist im Menschen ist's allein,
Der Odem Gottes, der sie weise macht.
Die Hochbetagten sind nicht immer weise,
Noch wissen Greise, was das Rechte ist.
Drum sage ich: hör' nun auch mir mal zu,
Auch ich will offenbaren, was ich weiß.
Seht, eure Reden hab' ich abgewartet,
Hab' aufgehorcht auf eure Weisheitssprüche,
Ob endlich wohldurchdachte Worte kämen.
Wohl hab' ich sorglich auf euch acht gegeben,
Doch siehe, keiner überführte Hiob
Und keiner widerlegte seine Worte.
Sagt nicht: „Wir haben Weisheit angetroffen,
Gott mag ihn schlagen, Menschen können's nicht."

Einleitung. Der Leser wird gut thun, diesen Abschnitt zunächst zu überschlagen und mit der Antwort Gottes an Hiob (Kap. 38, S. 85) fortzufahren.

Mir gegenüber hat er Nichts bewiesen,
Und nicht mit euren Gründen kämpfe ich.

Sie sind bestürzt und können Nichts erwidern,
Schon sind die Worte ihnen ausgegangen.
Da sollt' ich warten, wo sie nicht mehr reden?
Sie dastehn und Nichts mehr zu sagen wissen?
Auch ich will endlich nun mein Teil erwidern,
Auch ich will offenbaren, was ich weiß.
Denn viele Gründe hab' ich vorzubringen;
Mir schnürt der Geist die volle Brust zusammen.
Mein Inn'res gärt wie fest verschloss'ner Wein,
Will platzen wie ein Schlauch mit jungem Most.
So will ich reden um mir Luft zu machen,
Will meine Lippen öffnen und entgegnen.
Für Niemand werde ich Partei ergreifen
Und Keinem werde ich zu Liebe reden.
Denn Liebedienerei versteh' ich nicht;
Sonst thät' mein Schöpfer mich wohl bald hinweg.

Nun aber höre, Hiob, meine Rede
Und allen meinen Worten leih dein Ohr.
Gieb Acht, ich thue meinen Mund jetzt auf,
Und meine Zunge redet unterm Gaumen.
Aus gradem Sinn entstammen meine Worte,
Und lautern Sinn verraten meine Lippen.
Mich hat ins Dasein Gottes Geist gerufen,
Mich hält am Leben des Allmächt'gen Odem.
Wenn du's vermagst, so widerlege mich,
Auf! rüste dich zum Kampf und stell' dich mir.
Steh' ich doch ebenso wie du zu Gott,
Aus gleichem Thon wie du bin ich geschnitten.
Nein, Furcht vor mir braucht dich nicht zu erschrecken,
Und meine Wucht soll dich nicht niederdrücken.

Nun aber sagtest du vor meinen Ohren,
Und deutlich hört' ich deiner Worte Klang:
„Rein bin ich, ohne jede Missethat,
Bin lauter, bin mir keiner Schuld bewußt.
Doch Händel weiß Er gegen mich zu finden
Und kann mich nun als Seinen Feind betrachten.
Drum legt Er meine Füße in den Block
Und giebt auf jeden meiner Schritte acht."
Sieh, darin hast du Unrecht, sag' ich dir,
Denn Gott ist größer als ein schwacher Mensch.
Was unterfängst du dich, mit Jhm zu hadern,
Daß Er all' deine Reden nicht beachte?
Denn freilich, ein und zweimal redet Gott,
Nur achtet man auf Seine Rede nicht.
Im Traum, im Nachtgesicht, wenn Schlaf und Schlummer
Herabsinkt auf der Menschen Lagerstätte,
Da öffnet Er den Menschen wohl das Ohr,
Vermahnet sie und setzt Sein Siegel drauf,
Von bösem Thun den Menschen abzubringen,
Von trotz'gem Übermut den Mann zu scheiden,
Um seine Seele vor dem Grab zu retten,
Sein Leben vor dem Tode durch den Speer.

Auch wird der Mensch erzogen durch die Leiden
Des Krankenlagers, wenn der wilde Kampf
In seinen Gliedern unaufhörlich tobt.
Der Lebenstrieb mag da von Brot Nichts wissen,
Zum Ekel wird, was sonst die Lieblingsspeise.
Es schwindet hin sein Fleisch, verliert die Schöne,
Die Knochen, sonst verborgen, werden kahl.[1])

---

[1]) Bei wohlgenährten, gesunden Menschen kann man die Knochen nicht wahrnehmen. Beim abgemagerten Körper dagegen treten sie deutlich zu Tage.

Die Seele hat den Grabesweg betreten,
Das Leben eilt den Todesengeln zu.
Ist dann ein Mittlerengel für ihn da,
Der eine von den Tausend, um dem Menschen
Zu künden, was die Pflicht von ihm verlangt,
Und der erbarmt sich sein und sagt zu Gott:
O, laß ihn nicht hinab zur Grube fahren,
Ich hab' das Lösegeld[1]) von ihm erhalten:
Dann schwillt sein Fleisch von neuer Jugendfrische,
Er kehrt zurück zu seinen Jünglingstagen.
Er fleht zu Gott, und der gewährt ihm Gnade,
Läßt ihn Sein Antlitz unter Jauchzen schaun,
Und schenkt dem Menschen wiederum Sein Heil.
Der singt und sagt es laut vor allen Leuten:
„Gesündigt hatte ich, das Recht gebeugt,
Vergeltung ist mir nicht dafür geworden.
Mein Leben hat Er vor dem Grab behütet,
Und meine Seele freuet sich am Licht."

Ja, mancherlei derart pflegt Gott zu thun
Wohl zweimal und auch dreimal mit dem Manne,
Um seine Seele aus dem Grab zu holen,
Auf daß er strahle in des Lebens Licht.

O Hiob, merke auf und hör mir zu,
Verstumme du, auf daß ich reden kann.
Hast Gründe du, so widerlege mich;
Sprich nur, denn gerne gäbe ich dir Recht.
Wenn aber nicht, so höre du mir zu;
Verstumme du; ich will dich Weisheit lehren.

Dann hub Elihu also wieder an:
Vernehmt, ihr Weisen, meines Mundes Rede,
Und ihr Gelehrten, leiht mir euer Ohr.

---
[1]) Die Buße.

Denn wie der Gaumen den Geschmack der Speisen,
So prüfet auch das Ohr das Wortgefüge.
Laßt mit einander uns das Recht erwägen,
Gemeinsam untersuchen, was das Beste.
Gesagt hat Hiob: „Ich bin ohne Schuld,
Doch Gott hat mir mein gutes Recht entzogen;
Trotz meines Rechtes soll ich Lügner sein;
Mich traf ein böser Pfeil ohn' mein Verschulden".

Wo ist ein Mann zu finden, der wie Hiob
Die Lästerrede schlürft wie frisches Wasser,
Im Bunde mit den Übelthätern wandelt
Und in Gemeinschaft mit den Sündenmenschen!?
Denn er behauptet: „Keinen Nutzen hat
Der Mensch davon, um Gottes Gunst zu buhlen."

Darum, einsicht'ge Männer, hört mir zu:
Fern sei es Gott, mit Frevel umzugehn,
Dem Allgewalt'gen, Unrecht zu verüben.
Nein, nach des Menschen Thun vergilt Er ihm,
Nach seinem Wandel läßt Er's ihm ergehn.
Nein, ganz gewiß, Gott handelt niemals unrecht,
Der Allgewalt'ge beuget nie das Recht.
Wer hat Ihm denn die Erde anvertraut?
Und wer hat doch die ganze Welt geschaffen?[1]
Wenn Er auf sich den Sinn nur richten wollte,
Er an sich zöge Seinen Geist und Odem,
So müßte alles Fleisch zumal vergehn;
Zum Staube kehrte dann der Mensch zurück!

Hast, Hiob, du Verstand, so höre dies
Und leih dein Ohr dem Laute meiner Worte.

---

[1] Wenn Gott ungerecht wäre, so könnte er ja unmöglich der Erhalter und Schöpfer der Welt sein.

Kann, wer das Recht haßt, auch die Zügel führen?
Willst den Gerechten, Starken du verdammen?
Ihn, der zum König spricht: „Du Taugenichts",
Den Edlen „Du Verruchter" nennen darf?
Der für die Fürsten nicht Partei ergreift,
Den Reichen nicht bevorzugt vor dem Armen,
Denn Alle sind sie Seiner Hände Werk!
Sie sterben plötzlich: mitten in der Nacht
Wird aufgestört das Volk; es stürmt dahin,
Beseitigt ohne Mühe den Tyrannen.[1])
Denn Seine Augen schaun des Menschen Wandel
Und alle seine Schritte siehet Er.
Es giebt kein Dunkel und es giebt kein Grauen,
Wo sich die Missethäter bergen könnten.
Er setzt für Niemand den Termin erst fest,
Wo im Gericht er soll vor Gott erscheinen,
Zermalmt die Starken ohne Untersuchung
Und läßt an ihre Stelle Andre treten.
Darum[2]) ist Er bekannt mit ihren Thaten;
Er stürzt sie über Nacht, sie sind zermalmt.
Die Geißel trifft sie unter Übelthätern,
Und Aller Augen sehn dem Schauspiel zu,
Sie, die darum von Ihm sind abgefallen
Und Seine Wege nicht beachtet haben,
Damit des Armen Notschrei zu Ihm dringe,
Und Er den Notschrei der Bedrückten höre.
Doch wenn Er schweigt — wer darf Ihn drum
                      verdammen?
Verhüllt Er Sein Gesicht — wer will Ihn schaun?[3])

---

[1]) In einer Revolution.

[2]) An diesem plötzlichen Untergange der Gottlosen ist zu erkennen, daß Gott mit ihren Thaten bekannt ist.

[3]) Elihu hat den Satz verfochten, daß Gott die ungerechten

Und dennoch wacht Er über Volk und Menschen,
Daß nicht ein Sündenmensch die Herrschaft führe,
Nicht Leute, die dem Volk als Fallstrick dienen.
Denn[1]) hat man wohl zu Gott gesagt: „Ich trage[2])
Geduldig, will mich vor Verfehlung[3]) hüten;
Was ich nicht sehe[4]) wollest du mich lehren;
Hab Unrecht ich gethan[5]) — ich thu's nicht
wieder!"? —
Soll Er nach deinem Sinn Vergeltung üben,
Weil du's verwirfst? Weil du bestimmen willst
Und nicht der Herr? — Auf, sage was du weißt!

Verständ'ge Leute werden zu mir sagen
Und jeder Weise, der mir zugehört:
„Den Worten Hiobs geht die Einsicht ab,
Und seine Reden sind nicht wohlbedacht." —
O würde Hiob fort und fort geprüft,[6])
Denn was er vorbringt ist der frevler Weise.

Bedrücker der Armen schnell und plötzlich vernichtet. Er muß aber zugeben, daß dieser Satz nicht immer zutrifft, daß Gott sich manchmal ruhig verhält, wo man sein Eingreifen erwarten sollte. Auch in diesem Fall, meint Elihu, darf man Gott keinen Vorwurf machen, denn kein Mensch kann ihn zwingen, sich zu zeigen. Aber man darf auch dann vertraun, daß Gott das Regiment nicht aus der Hand gegeben hat.
[1]) Elihu begründet seine Behauptung, daß man über Gottes scheinbare Unthätigkeit nicht murren dürfe. Man hat es an Geduld und Demut fehlen lassen, wenn man über Gottes unbegreifliche Weltordnung klagt.
[2]) Was Gott verhängt.
[3]) Durch unbedachte Worte.
[4]) Die letzten Gründe für Gottes Verhalten.
[5]) Indem ich über deine Weltregierung murrte.
[6]) Möchten Hiobs Reden immer wieder auf ihre Stichhaltigkeit geprüft werden, damit sie keinen Schaden anrichten.

Zu seiner Sünde fügt er noch den Frevel¹);
In unsrer Mitte wagt er laut zu höhnen
Und macht nur zu viel Redens gegen Gott.

Und nochmals hub Elihu an und sprach:
Wie? Willst du etwa das für richtig halten,
Und nennst du das „mein gutes Recht vor Gott",
Daß du zu fragen wagst, was es dir nütze²),
„Was hilft's mir mehr, als wenn ich Sünde thue?"
Ich will dir darauf jetzt die Antwort geben
Und deinen Freunden auch zugleich mit dir.

Sieh auf zum Himmel, schau in seine Fernen,
Blick auf zum Lichtgewölk hoch über dir.
Was kannst du Ihm mit deiner Sünde schaden?
Ihm anthun mit der Menge deiner Frevel?
Was schenkst du Ihm mit deiner Frömmigkeit?
Was soll Er wohl aus deiner Hand empfangen?
Du bist der Mann, den selbst sein Frevel trifft;
Dir Menschenkind nützt deine Frömmigkeit.

Man schreit wohl über der Bedrückung Menge,
Der Großen Faustrecht weckt manch laute Klage.
Doch keiner fragt: „Wo ist wohl Gott, mein Schöpfer,
Der Jubellieder schenkt auch in der Nacht³),
Der vor des Feldes Tieren uns belehrt,
Uns vor des Himmels Vögeln Weisheit schenkt."
Da zetert man — und Er erwidert nicht —
Vom Übermut böswilliger Tyrannen.

---

¹) Zu den Thatsünden, die ihm sein Leiden eingetragen haben, fügt er noch den Frevel ungebührlicher Reden gegen Gott.
²) Das Frommsein.
³) Der auch in der Unglücksnacht Anlaß zu seinem Preise giebt.

Nein, nicht'gem Schrein verschließet Gott Sein Ohr,
Und der Allmächt'ge achtet nicht darauf,
Geschweige wenn du sagst: „Ich seh' Ihn nicht;"
Der Streitfall liegt Ihm vor; so harre Sein!
Nun aber, weil Sein Zorn noch nicht gestraft,
Soll Er sich um die Sünde wenig kümmern![1])
Doch Hiob reißt den Mund ohn' Ursach auf,
Und ohne Einsicht macht er große Worte.

Und weiter fuhr Elihu also fort:

Wart' nur ein wenig noch, ich will dich lehren,
Denn noch stehn Gründe zur Verfügung Gottes.
Ich will mein Wissen aus der Ferne holen,
Zum Recht verhelfen dem, der mich erschuf.
Denn wahrlich, meine Worte lügen nicht;
Ein Mann von echtem Wissen steht vor dir.

Gott ist gewaltig und verschmäht doch keinen,
Gewaltig groß ist Seines Geistes Kraft.
Er läßt den Frevler nicht am Leben bleiben,
Und Dulder werden ihres Rechtes froh.
Sein Aug' verschließt er vor den Frommen nicht,
Und neben Kön'gen auf erhabnem Thron
Weist Er für immer ihnen Sitze an.
Und wenn mit Ketten sie gebunden sind,
Gefangen liegen in des Elends Stricken,
Dann hält Er ihnen ihren Wandel vor
Und ihre Sünden, die des Hochmuts Frucht.
Er thut ihr Ohr für Seine Warnung auf
Und sagt zu ihnen: „Kehrt vom Bösen um."
Wenn sie nun hören und sich unterwerfen,

---

[1]) Weil Gott nicht gleich mit Feuer und Schwert dreinfährt, behauptest du, er kümmere sich nicht um die Sünde.

Beenden sie in Wohlsein ihre Tage,
In reichen Freuden ihre Lebensjahre.
Doch wer nicht hören will, rennt ins Geschoß,
Haucht in Verblendung seine Seele aus.
Ruchlose Herzen hüllen sich in Groll
Und beten nicht, wenn Er in Fesseln schlägt.
Drum stirbt schon in der Jugend ihre Seele,
Ihr Leben flieht wie das der Wollustbuben.
Den Dulder wird Er durch sein Dulden retten,
Sich ihm auf Leidenswegen offenbaren.

Und dich auch lockt Er aus der Drangsal Rachen
Auf weiten Plan, wo keine Not mehr ist,
Und fette Bissen füllen deinen Tisch.
Bist du jedoch erfüllt von sünd'gem Urteil,
So werden Urteil und Gericht zugreifen.
Laß dich die Hitze[1]) nicht zum Hohn verleiten,
Das schwere Lösegeld[2]) dich nicht beirren.
Kann deinem Schrein Er anders als durch Not
Und Aufwand aller Kraft die Richtung weisen?
O sehne nicht die dunkle Nacht[3]) herbei,
Daß Völker auf von ihrer Stelle fahren,
Und hüte dich, der Sünd' dich hinzugeben,
Denn dazu neigst du eher als zum Dulden.

Sieh, Gott in Seiner Kraft wirkt große Dinge;
Wo ist ein Meister, der Ihm zu vergleichen?
Wer hat Ihm Seinen Wandel vorgeschrieben?
Wer sagt zu Ihm: „Du hast nicht recht gehandelt!"?
O denke dran, Sein Walten zu erheben,
Von dem die Erdenkinder Lieder singen.

---

[1]) Die Hitze der Drangsal.
[2]) Die ernstliche Buße.
[3]) Die Nacht des göttlichen Gerichts.

Mit Wonne schaun es alle Menschen an,
Es spähn nach ihm von fern die Menschensöhne.
Ja, Gott ist unermeßlich, unbegreiflich,
Und unerforschlich Seiner Jahre Zahl.
Die Wassertropfen ziehet Er herauf[1]),
Aus Seinem Nebel sickern sie als Regen,
Den Himmelshöhen niederrieseln lassen,
Hernieder träufeln auf der Menschen Menge.
Und vollends, wer begreift der Wolken Jagen,
Und Seines Zeltes[2]) lautes Donnerkrachen?
Sieh da, Er breitet drüber aus Sein Licht[3]);
Bedeckt damit des Meeres tiefste Gründe.[4])
Denn darin[5]) richtet Er die Völkerwelt
Und schenkt zugleich der Nahrung reiche Fülle.
Den Lichtstrahl[6]) legt Er auf die beiden Hände,
Befiehlt ihm, jeden Widerstand zu brechen.
Ihn meldet Seines Donners Grollen an,
Wenn über Missethat Er zornig eifert.

Und drum erfaßt mein Herz ein banges Beben,
In Sprüngen geht mein Herz mir in der Brust.
O höret, hört das Grollen Seines Donners,
Das Brausen, das aus Seinem Munde fährt.

---

[1]) Von der Erde her.
[2]) Des Himmels.
[3]) Den Blitz.
[4]) Gemeint ist das himmlische Wolkenmeer. Der Blitz breitet sich wie eine Decke über die Quellen des himmlischen Oceans aus.
[5]) Im Gewitter; dies ist einerseits die Erscheinungsform, in der Gottes furchtbares Gericht über die Völker ergeht, anderseits spendet es der Erde reichen Segen. Aus der Wolke quillt der Segen, strömt der Regen; aus der Wolke ohne Wahl zuckt der Strahl.
[6]) Den Blitz.

Er läßt es los in alle Himmelsräume
Und Seinen Strahl bis an der Erde Säume.
Dem brüllt der Donner nach, es donnert Gott
Mit Seinem hehren Hall, spart Blitze nicht,
Wenn Seine Stimme sich vernehmen läßt.
Gott donnert wunderbar mit Seiner Stimme,
Der Großes thut, für uns nicht zu begreifen.
Spricht Er zum Schnee: „Fall auf die Erde nieder,"
Und zu den Güssen Seines mächt'gen Regens[1]),
Dann legt der Leute Hand Er unter Siegel[2]),
Daß Jedermann Sein Thun[3]) erkennen möge.
Da geht das Wild in sein Versteck hinein
Und bleibt daheim in seiner Winterhausung.
Aus Südens Kammer[4]) kommt der Sturm herbei,
Und vom Arcturus[5]) kommt die Winterkälte.
Durch Gottes kalten Hauch entsteht das Eis,
Des Wassers Weite liegt in enger Haft.
Mit Hagel auch belastet Er die Wolke
Und spreitet weithin aus Sein Lichtgewölk.
Das aber zieht umher, wie Er es steuert

---

[1]) Der Dichter meint die andauernden winterlichen Regengüsse.

[2]) Gott verschließt die Hand der Leute im Winter, macht sie unthätig, indem er gewissermaßen ein Siegel daran legt. Die Feldarbeit ruht und die Leute sitzen, die Hände in den Schoß gelegt, zu Hause.

[3]) Gottes Allmacht, die den Winter herbeiführt.

[4]) Vgl. S. 22 Anm. 4. Im Altertum herrschte, wie vielfach noch heute, die Meinung, daß die Sterne einen bestimmenden Einfluß auf das Wetter ausübten.

[5]) Welcher Stern oder welches Sternbild gemeint ist, läßt sich nicht mehr sicher feststellen. Den Arcturus nennt ein alter Übersetzer. Er galt den Alten sonst als ein Sturm bringendes, den Schiffern gefährliches Gestirn.

Nach ihrem[1]) Thun, um Alles zu vollführen,
Was Er gebeut, so weit der Erdkreis reicht,
Sei's nun als Rute, wenn's der Erde frommt,
Sei's, daß Er es als Gnade kommen läßt.[2])
Nimm dies zu Ohren, Hiob, stehe still
Und achte auf die Wunderwerke Gottes.
Begreifst du's, wie Gott ihnen Auftrag giebt
Und Seiner Wolken Lichtglanz leuchten läßt?
Begreifst du jenes Schweben des Gewölks,
Die Wunderwerke des vollendet Weisen?
Du, dem das Kleid zu warm wird, wenn die Erde
Bei schwülem Südwind träger Ruhe pflegt,[3])
Wölbst du mit Ihm die lichten Himmelshöhn,
Die fest wie ein gegoßner Spiegel[4]) sind?
Auf! thu uns kund, was wir Ihm sagen sollen[5]);
Wir wissen Nichts vor lauter Finsternis.
Soll man Ihm melden, daß ich reden will?
Wer hat denn je Vernichtung selbst gefordert[6])!

---

[1]) Nach dem Thun der Menschen.

[2]) Gott steuert den Flug der Wolken, wie der Schiffer sein Schiff. Dies Steuern ist aber bedingt durch das Thun der Menschen. Der verschiedene Flug der Wolken nämlich ist ein Anzeichen für göttliche Strafgerichte oder Gnadenerweisungen, je nach dem Thun der Menschen. Daß die Wolken bevorstehende Ereignisse ankünden, ist eine im Altertum weit verbreitete Ansicht.

[3]) Der Mensch gerät ohne zu arbeiten schon bei warmem nnd schwülem Wetter in Schweiß; wie würde es ihm ergehn, wenn er daran dächte, sich an den gewaltigen Schöpfungswerken Gottes zu beteiligen!

[4]) Aus Metall.

[5]) Da du dich so weise dünkst, so gieb uns doch an, was wir Gott sagen sollen, wenn wir, wie du es willst, uns in einen Streit mit ihm einlassen.

[6]) Wie könnte Jemand so waghalsig sein, sich in ein

Jetzt freilich sieht man nicht das Sonnenlicht,
Das hinter Wolken doch im Glanze schimmert —
Ein Wind fährt drüber hin und fegt sie fort.
Da tritt das Sonnengold aus dunkler Hülle;
Von hehrer Majestät ist Gott umflossen.[1])

Wir können den Allmächt'gen nicht erreichen,
Zu groß ist Seine Macht; jedoch das Recht
Und die Gerechtigkeit verletzt Er nie.
Und darum sollen Ihn die Menschen fürchten;
Er sieht auf keinen, der sich weise dünkt.]

Da sprach der Herr zu Hiob aus dem Wetter:

Wer ist der, welcher meinen Plan verhüllt
Mit Worten, ganz von Unverstand erfüllt?
Auf! gürte deine Lenden wie ein Mann,
Ich will dich fragen, lehre mich! Wohlan:
Wo warest du, als ich die Welt gegründet?
Sag' mir's, wenn deine Weisheit dir es kündet!
Wer hat ihr Maß bestimmt? — dir ist's bekannt! —
Wer über sie die Meßschnur ausgespannt?
Wo ist der Grund, der ihre Pfeiler hält?
Und wer hat ihren Eckstein aufgestellt,
Als aller Morgensterne Jubeltöne
Sich einten mit dem Sang der Gottessöhne?[2])

Wortgefecht mit Gott einzulassen! Das hieße ja, die Vernichtung durch die beleidigte göttliche Majestät selbst auf sich herabzurufen!

[1]) Wie der goldene Sonnenball zeitweilig von Wolken verhüllt wird, darum aber doch nicht aufgehört hat zu existieren, so ist auch Gottes leuchtendes Gnadenantlitz bisweilen den Menschen nicht sichtbar, strahlt aber später in einem um so herrlicheren Glanz.

[2]) Engel.

Und wer umschloß das Meer mit Thür und Thor,
Als aus dem Mutterschoß es brach hervor,
Als ich Gewölk zu seinem Kleid gemacht,
Zu seiner Windel dichter Nebel Nacht,
Als ich ihm seine festen Grenzen brach[1]),
Ihm Thor und Riegel setzte, zu ihm sprach:
„Bis hierher sollst du kommen, weiter nicht,
Hier sei's, wo deiner Wellen Stolz sich bricht!?"

Erweckte je den Morgen dein Gebot?
Und wiest du seinen Platz dem Morgenrot,
Daß es ergreife rings den Saum der Erde
Die frevler abzuschütteln, daß sie werde
Wie weicher Thon, auf den das Siegel drückt[2]),
Als ob ein faltenreich' Gewand sie schmückt?
Daß allen Bösen werd' ihr Licht[3]) entzogen,
Zerbrochen jeder Arm zum Schlag gebogen?

Kamst zu des Meeres Quellen du hinab?
Ergingst du dich in seiner Tiefe Grab?
Sahst du die Todespforten offen stehn?
Hast du die Thür zur Schattenwelt gesehn?
Durchfliegt dein Blick der Erde weites Rund?
Sag's mir, wenn dir dies Alles wurde kund!

---

[1]) Aus den das Meer einschließenden felsen und Landstrichen heraus sind des Meeres Grenzen von Gott gebrochen.

[2]) Das bei Tagesanbruch auf der Erde sich entwickelnde Leben wird zuerst mit dem Thonabdruck eines Siegels verglichen. Dabei handelt es sich natürlich nicht um ein Siegel mit einfacher Namensaufschrift des Besitzers, sondern um solche im semitischen Orient weit verbreiteten Siegelsteine, auf denen figuren aller Art, Menschen, Tiere und Pflanzen dargestellt sind. Im folgenden Gliede wird das auf der Erde erwachte buntfarbige Leben mit einem faltenreichen Gewande verglichen, in das sie sich hüllt.

[3]) Das Licht der Bösen ist die Dunkelheit der Nacht; s. 24,17.

Wo geht der Weg zum Haus, in welchem thront
Das Licht? und zu dem Ort, wo's Dunkel wohnt,
Daß du sie bringen könntest in ihr Reich,
Und wüßtest ihren Heimweg auch zugleich?¹)
Du weißt's! du lebtest ja schon dazumal,
Und riesengroß ist deiner Tage Zahl!

Bist du zum Vorratshaus des Schnees gekommen?
Hast du des Hagels Speicher wahrgenommen,
Den ich für Drangsalszeit zurück behalten,
Für Kampfestage streitender Gewalten?²)

Wo ist der Weg, auf dem der Wind sich teilt?
Auf dem der Ostwind durch die Lande eilt?
Wer hat dem Regenguß und Wetterstrahl
Die Straße abgeteilt, und den Kanal,
Durch den auf unbewohntes Land er fließt,
Auf menschenleere Steppen sich ergießt,
Daß selbst die Öde reich gesättigt sei,
Und frisch geschmückt mit Grün die Wüstenei!?

Wen nennt der Regen seinen Vater? sprich!
Frag jeden Tropfen Tau: „wer zeugte dich?"!³)

---

¹) Licht und Dunkel haben beide ihre Wohnung, aus der Gott sie nach Bedarf holt und in ihr Herrschaftsgebiet bringt, wenn es Tag oder Nacht werden soll. Ist der Tag abgelaufen, so schickt Gott das Licht für die Dauer der nun folgenden Nacht in seine Wohnung zurück; ebenso macht er es mit dem Dunkel nach Ablauf der Nacht. Kannst du, Hiob, das auch?

²) Der Hagel gehört zu den Waffen, mit denen Gott seine und seines Volkes Feinde bekämpft. So wird Josua 10,11 erzählt, daß von den Feinden der Israeliten mehr durch große Hagelsteine als durch das Schwert getötet wurden.

³) Haben Regen und Tau noch einen anderen Vater als Gott? d. h. ist irgend Jemand außer ihm imstande, Regen und Tau zu schaffen?

Aus wessen Schoß ringt sich das Eis zum Licht?
Und wer gebiert den Reif des Himmels? — Dicht
Wie Stein zieht sich der Strom in sich zurücke;
Der Fluten Fläche wird zur festen Brücke!

Kannst du die Bänder der Plejaden knüpfen?
Kannst du Orions schwere Fessel lüpfen?
Führst du den Tierkreis auf zu rechten Zeiten?
Willst du den Bär samt seinen Jungen leiten[1])?
Kennst die Gesetze du am Himmelszelt[2])?
Zwingst unter seine Herrschaft du die Welt[3])?
Reicht in die Wolken deiner Stimme Schall,
Daß dich bedecke ihrer Wasser Schwall[4])?
Befiehlst den Blitzen du: „Geht aus von mir!"
Hörst du sie sagen: „Wir sind wieder hier!?"
Wer legte Weisheit in die Wolkenwand?
Und wer verlieh dem Luftgebild Verstand[5])?
Wer zählt die Wolken ab mit weisem Sinn?

---

[1]) Den Aussagen über die Sternbilder liegen mythologische Anschauungen zu Grunde, die nur teilweise für uns verständlich sind. Die Plejaden werden bei arabischen Dichtern als ein Halsgeschmeide bezeichnet. Orion ist der wilde Jäger, der für seinen Übermut an den Himmel gefesselt ist. Statt des Tierkreises sind vielleicht die Hyaden einzusetzen. Die Jungen des Bären sind die drei Schwanzsterne oder die Deichsel des Wagens.

[2]) Die Gesetze über Stellung, Bewegung und Wirksamkeit der Gestirne.

[3]) Die Erscheinungen und Vorgänge am Himmelszelt, Sternbilder, Wolkengestaltungen u. dgl. bestimmen und beherrschen den Lauf der Ereignisse auf der Erde; vgl. S. 83 Anm. 4. 5: S. 84 Anm. 2.

[4]) Kannst du durch deinen Befehl die Wolken zum Regnen veranlassen?

[5]) Da Wolken und andere meteorologische Erscheinungen die Zukunft ankünden (s. Anm. 3), so wird ihnen selbst Weisheit und Verstand zugeschrieben.

Wer stürzt des Himmels volle Krüge hin,
Wenn Staub zum schlamm'gen Guß zusammenfließt,
Und fest an Scholle sich die Scholle schließt?¹)

Fängst du der Löwin ihre Beute ein?
Stillst du der jungen Leuen Hungerpein,
Wenn sie in ihren Lagerstätten kauern,
Im Waldesdickicht liegen, um zu lauern?

Wer hält dem Raben seine Kost bereit,
Wenn seine Brut zu Gott um Nahrung schreit?²)

Willst du den Gemsen³) ihre Stunde weisen?
Bist du der Wärter bei der Hinden Kreißen?
Zählst du die Monde ihrer Tragezeit?
Und weißt du, wenn zum Werfen sie bereit?
Sie knieen nieder, lassen aus dem Schoß
Die Kitzchen leicht und ohne Schmerzen los.
Im Freien werden stark und groß die Jungen,
Bis sie auf Nimmerwiedersehn entsprungen.⁴)

Wer ließ den wilden Esel laufen frei,
Daß fessellos der scheue Flüchtling sei,
Dem ich die Wüstenei zum Haus gegeben,
Die salz'ge Steppe, um in ihr zu leben?

---

¹) Bei heftigem Regenguß wird der trockene Staub zum Schlamm, und die vorher steinharten Lehmschollen kleben, nachdem sie vom Regen durchweicht sind, aneinander.

²) Im Text folgen noch die Worte: „Wenn sie umherirrt ohne Nahrung," augenscheinlich eine rationalistische Glosse zum Vorhergehenden.

³) Genauer: Den Steinziegen.

⁴) Gott nimmt sich in seiner Weltregierung auch der Tiere und aller ihrer Bedürfnisse an. Kein Mensch, sondern nur Gott steht den Hirschkühen in der Stunde der Gefahr zur Seite. Und wie wunderbar leicht und schmerzlos ist die Geburt; wie wenig Sorgen machen die Jungen den Müttern!

Er lacht, daß ihn das Stadtgewühl nicht stört,
Und daß er keines Treibers Schelten hört,
Sucht seine Weide auf der rauhen Alm,
Und spähet aus nach jedem grünen Halm.[1])

Wird dir der wilde Ur zu Diensten stehn?
Wirst du ihn nachts an deiner Krippe sehn?
Wird wohl dein Seil ihn an die Furche binden?
Wird hinter dir[2]) er eggen in den Gründen?
Vertraust du ihm, weil er so stark an Kraft
Sorglosen Sinnes an, was du geschafft?[3])
Bist du so sicher, daß er wiederkehrt,
Und deine Saat dir auf die Tenne fährt?

Wie lustig ist des Straußen Flügelschlagen!
Doch ob die Flügel fromme Federn tragen?
Denn seine Eier legt er auf die Erden,
Daß sie vom Sande ausgebrütet werden.
Wie leicht ein Fuß sie dort zerdrücken kann,
Das Wild drauf tritt — der Strauß der denkt nit dran.
Als ob ihm fremd geht mit der Brut er um,
Müht sich umsonst, und grämt sich nicht darum.
Denn hohe Weisheit ließ Gott ihn vergessen,
Und Einsicht hat Er ihm nicht zugemessen.

---

[1]) Der Wildesel, ein edles, freiheitliebendes Tier der Steppe, wird in Gegensatz gestellt zu seinem gequälten Vetter, dem Lastesel in der Stadt. Freilich hat er nicht das reichliche Futter wie dieser, sondern muß sich mühsam seine Nahrung zusammensuchen; und doch würde er nie mit ihm tauschen. Wer anders als Gott hat den Wildesel mit diesen edlen Charaktereigenschaften ausgestattet?

[2]) Dem ackernden Rind wird ein Ring durch die Nase gelegt, an dem eine Leine befestigt ist. An dieser führt der Bauer das Tier, wobei dies hinter ihm hergeht.

[3]) Das geschnittene Getreide.

Doch peitscht er hoch empor¹) und stürmt hinaus,
Lacht er das Roß mit seinem Reiter aus.

Haft du dem Rosse seine Kraft gegeben
Und seinem Hals als Schmuck das leichte Beben?²)
Hast du's gelehrt, der Heuschreck' gleich zu springen?
Läßt du so stolz sein jähes Schnauben klingen?
Im Blachfeld scharrt's froh seiner Kraft; verwegen
Zieht es hinaus dem Panzerrock entgegen.
Es lacht der Furcht, kennt Zagen nicht, und kehrt
Nicht feige um vor dem gezückten Schwert.
Der Köcher klirrt auf ihm, es blitzt der Speer,
Der Wurfspieß saust, mit Brausen rast's einher
Den Boden schlürfend wild im Schlachtendrang,
Ist nicht zu halten, wenn das Horn erklang.
Laut wiehert's bei dem Klang und wittert weit
Befehlsruf, Schlachtgeschrei und blut'gen Streit.

Wies dein Verstand dem Sperber seinen Flug,
So oft sein Fittig ihn gen Süden trug?

Schwingt sich auf dein Geheiß der Aar empor?
War's dein Befehl, daß er den Fels erkor,
Um dort sein Nest zu baun, und um zu horsten
Auf Felsenzacken, Klippen tief geborsten?
Von dort aus späht sein Blick weit hingetragen
Rings in die Ferne, Beute zu erjagen;
Denn seine Brut ist gierig, Blut zu trinken,
Drum ist er, wo Erschlagne niedersinken.

---

¹) Mit den Flügeln, um den Lauf zu unterstützen und zu beschleunigen.

²) Gemeint ist das bei edlen Pferden leicht zu beobachtende nervös ungeduldige Zittern des Halses, ein Anzeichen des Mutes, von dem das Schlachtroß beseelt ist.

Und weiter sprach der Herr zu Hiob also:
Der Nörgler will den Herrn der Welt verklagen?
Was weiß der Kläger denn hierauf¹) zu sagen?

Darauf erwidert' Hiob Ihm und sprach:
Ach, ich bin zu gering! Was soll ich sagen?
Ich hab' die Hand auf meinen Mund gelegt.
Sprach ein Mal ich — ich will's nicht wieder wagen;
Von nun an will ich schweigen unentwegt!

Da sprach der Herr zu Hiob aus dem Wetter:
Auf! gürte deine Lenden wie ein Mann,
Ich will dich fragen; lehre mich! Wohlan:
Willst leugnen du mein richterliches Walten?
Mich schuldig sprechen und selbst Recht behalten?
Hast du denn einen Arm wie Gott so hehr?
Und donnerst du mit einer Stimm' wie Er?
So schmücke dich mit Glanz und Herrlichkeit,
Zieh an der Majestät und Hoheit Kleid,
Laß sich ergießen deines Zornes Fluten,
Triff allen Stolz mit deines Blickes Gluten,
Demüt'ge allen Stolz mit einem Blick
Und wirf die Sünder in ihr Nichts zurück,
Birg allzumal sie in des Grabes Schlunde
Und feßle sie im tiefsten Erdengrunde,
So will auch ich von deinem Ruhme singen,
Daß deine Rechte dir es ließ gelingen!

[Sieh²) nur das Nilpferd, das ich schuf wie dich;
Das Gras dient ihm als Nahrung wie dem Rinde.

---

¹) Auf die Fragen, die Gott in den beiden vorhergehenden Kapiteln Hiob vorgelegt hat.

²) Die folgende Schilderung des Nilpferdes und des Krokodils ist gewiß nicht ein ursprünglicher Bestandteil der Dichtung; vgl. darüber die Einleitung.

Doch siehe, welche Kraft in seinen Lenden,
Und welche Stärke in des Leibes Muskeln!
Es streckt den Schwanz wie eine Ceder aus,
Und dicht verschlungen sind die Schenkelsehnen.
Wie ehr'ne Röhren fest sind seine Knochen,
Und sein Gebein gleicht harten Eisenschienen.
Das ist der Erstling[1]) der Geschöpfe Gottes,
Geschaffen, um als Spielzeug Ihm zu dienen.
Denn[2]) reiches Futter tragen ihm die Berge,
Wo alles Tier des Felds sich lustig tummelt.
Es legt sich nieder unter Lotusbüschen,
In sicherem Versteck von Rohr und Schilf.
Der Lotus deckt es zu mit seinem Schatten,
Und rings umgeben es des Baches Weiden.
Schwillt dann der Strom — es flüchtet darum nicht,
Bleibt ruhig, strömt ein Jordan ihm ins Maul.
Wer will es wagen, offen es zu greifen?
Wer will den Fangstrick ziehn durch seine Nase?

Ziehst du das Krokodil am Angelhaken?
Drückst mit der Schnur du seine Zunge nieder?
Ziehst eine Binse du durch seine Nase?[3])
Durchbohrst du mit dem Haken seine Backe?[3])
Meinst du, es werde dir viel Flehens machen
Und sanfte Schmeichelworte an dich richten?
Wird's einen Pact mit dir abschließen wollen,
Daß du's für ewig dir zum Sklaven nimmst?

---

[1]) Der Erstgeborene ist vor den Nachfolgenden in mancher Beziehung bevorzugt. Hier hat das Wort die allgemeine Bedeutung „hervorragend". Das Nilpferd ist ein Meisterwerk Gottes.

[2]) Als Spielzeug Gottes braucht das Tier sich nicht um Futter abzumühn, sondern es führt ein Schlaraffenleben.

[3]) Wie bei einem gefangenen Fisch.

Spielst du mit ihm als wär's ein Vögelein,
Und bindest du es an für deine Mädchen?
Die Fischergilde, treibt sie mit ihm Handel?
Verkauft sie's stückweis an die Handelsleute?
Kannst seine Haut du ihm mit Stacheln spicken
Und seinen Kopf mit schwirrenden Harpunen?
Versuch's einmal, die Hand daran zu legen;
Doch denk' auch an den Kampf — du thust's nicht
    wieder.

Ja, als ein Trug erweist sich seine[1]) Hoffnung;
Bei seinem Anblick schon bricht er zusammen.
So kühn ist keiner, daß er's reizen möchte, —
Und wer ist's da, der mir sich stellen dürfte?
Wer gab zuerst mir, daß ich müßt' vergelten?
Was unterm ganzen Himmel ist, ist mein.

Von seinen Gliedern darf ich auch nicht schweigen,
Noch von der Macht und Schönheit seiner Rüstung.
Wer deckte je das Schuppenkleid ihm auf,
Drang ein in des Gebisses Doppelreihn?
Wer öffnet seines Rachens Doppelthor,
Wo rings um seine Zähne Schrecken lagert?
Auf seinen Rücken laufen Schilderrinnen,
Ein Siegel, fest wie Kiesel, schließt ihn zu.
Das eine[2]) reiht sich an das andre an,
Kein Lüftchen dringet zwischen ihnen durch.
Das eine haftet an dem andern fest,
Und unzertrennlich schließen sie zusammen.
Sein Niesen sendet einen Lichtschein aus[3]),

---

[1]) Des Jägers.
[2]) Das eine Schild.
[3]) Wenn das Krokodil niest, bricht der Atem mit solcher
Gewalt aus den Nasenlöchern hervor, daß er Funken und

Sein Auge gleicht der Morgenröte Wimper.[1]
Aus seinem Rachen fahren Fackeln aus,
Und Feuerfunken sprühn aus ihm hervor.[2]
Aus seinen Nüstern dringt der Dampf heraus,
Als wär's ein Topf, geheizt mit Binsenfeurung.[3]
Sein heißer Atem zündet Kohlen an,
Und eine Flamme fährt aus seinem Rachen.
Auf seinem Nacken herbergt die Gewalt,
Und vor ihm her hüpft tanzend das Verzagen.
Die Wampen seines Leibes haften fest,
Sie sind ihm angegossen unbeweglich.
Sein Herz ist hart gegossen wie ein Stein,
Ja, fest gegossen wie der untre Mühlstein.[4]
Fährt es empor, so fürchten sich selbst Götter,
Geraten vor Entsetzen in Verwirrung.
Greift mit dem Schwert man's an — das hält nicht Stand,
Nicht Lanze, Spieß und dichtes Panzerhemd.
Als Stroh betrachtet es die Eisenstangen,
Die ehr'ne Rüstung ist ihm morsches Holz.
Der Pfeil, des Bogens Sohn, verjagt es nicht,
In Spreu verwandeln sich die Schleudersteine.
Als einen Strohhalm sieht's die Keule an,
Ein Lächeln hat es für der Lanze Sausen.

Flammen zu sprühen scheint. Das Niesen soll beim Krokodil besonders häufig vorkommen, weil es sich gern von der Sonne bescheinen läßt und dabei die Augen auf die Sonne gerichtet hält.

[1] Wegen des (rötlichen?) Glanzes. Bei den Ägyptern war die Hieroglyphe für die Morgenröte das Krokodilauge.

[2] Die Fackeln und Feuerfunken hier sind ähnlich zu erklären wie der Lichtschein beim Niesen, s. S. 94 Anm. 3.

[3] Die besonders stark qualmt.

[4] Der untere Mühlstein war, weil er beim Mahlen besonders angegriffen wurde, noch härter als der obere.

An seinem Bauche hat es spitze Scherben,
Prägt eine Dreschmaschine auf den Schlamm.[1])
Es macht die Flut wie einen Kessel sieden,
Das Meer gleich einem Salbentopfe schäumen[2]),
Läßt hinter sich hell seine Bahn aufleuchten,
Die Meeresflut erscheint wie Silberhaar.[3])
Nichts auf dem Staube ist ihm zu vergleichen,
Ihm, das geschaffen ist, sich nie zu fürchten.
Auf alles Hohe sieht es stolz herab;
Das ist der König aller kühnen Räuber.]

Hiob erwiderte dem Herrn und sprach:

Nun weiß ich, daß du allvermögend bist,
Daß kein Gedanke dir verwehret ist.
[„Wer[4]) ist der, welcher meinen Plan verhüllt
Mit Worten, ganz von Unverstand erfüllt?"]
Drum hab' geredet ich in Unverstand
Von Wunderbarem, das ich nicht verstand.
[„Hör'[4]) zu! Ich bin zu reden nun bereit,

---

[1]) Die Bauchschilder des Krokodils werden mit spitzen Scherben verglichen, und der Abdruck dieser Schilder auf dem Schlamm mit einer Dreschmaschine, d. i. einem Dreschschlitten. Dieser bestand aus starken Holzplanken, auf deren unteren Seiten scharfe Steine (zum Zerschneiden des Getreides) angebracht waren.

[2]) Wenn das Krokodil sich ins Wasser stürzt und fortschwimmt, dann zischt und brodelt das Wasser wie ein Kochtopf oder wie ein schäumender Salbenkessel. Zu letzterem Vergleich hat außerdem der dem Krokodil eigne moschusartige Geruch beigetragen.

[3]) Die grau-weiße Farbe entsteht durch den Schaum und Gischt.

[4]) Die beiden eingeklammerten Verse sind eine Wiederholung aus der ersten Anrede Gottes an Hiob (38,2. 3). Man sieht nicht recht, zu welchem Zweck Hiob diese Worte Gottes citiert. Vielleicht sind sie nur das Randcitat eines Lesers.

Ich will dich fragen, gieb du mir Bescheid!"]
Von Hörensagen warst du mir vertraut,
Nun aber hat mein Auge dich geschaut.
Drum was gesagt ich, widerruf' ich nun,
Und will in Staub und Asche Buße thun.

Darauf, nachdem der Herr also mit Hiob geredet hatte, sprach Er zu Eliphas von Theman: Mein Zorn ist über dich und über deine beiden Freunde entbrannt, weil ihr nicht ebenso richtig von mir geredet habt, wie mein Knecht Hiob. So holt euch nun sieben Farren und sieben Widder, geht damit zu meinem Knecht Hiob und bringt ein Brandopfer für euch dar; und mein Knecht Hiob mag Fürbitte für euch einlegen, denn nur die Rücksicht auf ihn wird mich abhalten, euch etwas Schlimmes anzuthun, weil ihr nicht ebenso richtig von mir geredet habt, wie mein Knecht Hiob.

Da gingen Eliphas von Theman, Bildad von Schuach und Zophar von Naama hin und thaten, wie der Herr ihnen befohlen hatte, und auf Hiob nahm der Herr Rücksicht.

Der Herr aber wendete Hiobs Geschick, als er für seine Freunde Fürbitte einlegte, denn Er gab ihm alles, was er besessen hatte, doppelt zurück.

Da besuchten ihn alle seine Brüder und Schwestern und alle seine früheren Bekannten[1]) und aßen mit ihm in seinem Hause, bezeugten ihm ihr Beileid und trösteten ihn wegen all des Bösen, das der Herr über ihn gebracht hatte; auch schenkten sie ihm jeder eine Schaumünze und einen goldenen Ring.

---

[1]) Ein Zug, der nicht frei ist von Sarkasmus. Nachdem das Unglück vorüber ist, kommen die Verwandten und Bekannten.

Der Herr aber segnete Hiobs nachfolgende Lebenszeit noch mehr als seine frühere; denn er bekam vierzehntausend Schafe, sechstausend Kamele, tausend Joch Rinder und tausend Eselinnen. Auch wurden ihm sieben Söhne und drei Töchter geboren; die erste nannte er Jemima[1]), die zweite Kassia[2]), die dritte Kerenhappuk.[3]) Und im ganzen Lande fand man keine so schönen Frauen wie Hiobs Töchter; auch ließ ihr Vater sie mit ihren Brüdern erben.

Hiernach lebte Hiob noch hundertundvierzig Jahre und sah Kinder und Kindeskinder, vier Geschlechter. Dann starb Hiob, alt und lebenssatt.

---

[1]) „Täubchen."
[2]) „Zimmt"; er wurde im Altertum als kostbarer Wohlgeruch verwendet.
[3]) „Schminktöpfchen."

Verlag von Vandenhoeck & Ruprecht in Göttingen.

Ch. Kingsley: Aus Ch. Kingsley's Schriften.
Das Trefflichste, was ein Trefflicher gesagt.

Eine Auswahl aus seinen Vorträgen, Ansprachen, Predigten, Essays, Beschreibungen u. s. w.
Autorisierte Übersetzung von M. Baumann.
Mit Bild Kingsley's, seines Hauses und seines Grabes.
1897. Preis Mk. 3,60. In Geschenkband Mk. 4,60.

Diese Auswahl, zum großen Teil zum ersten Male in deutscher Sprache hier veröffentlicht, ist ein wahrer Hausschatz und wird dem großen Engländer bei uns viele neue Freunde gewinnen. Der beigegebene Bilderschmuck macht den Besitz des Buches noch wertvoller.

Ch. Kingsley: Tägliche Gedanken
aus seinen Schriften gewählt v. seiner Frau.
Autorisierte Übersetzung von M. Baumann.
1893. Eleganteste Ausstattung. Schön geb. Mk. 4,50, in Goldschnitt Mk. 4,80.

Die „**Christliche Welt**" begrüßte die deutsche Ausgabe mit den Worten: „Dies Werk wird für viele zu den Büchern gehören, die auf ihrem Schreibtisch liegen, um immer zur Hand zu sein."

Die treue Gehilfin Kingsley's bietet hier eine herrliche Auslese von Gedanken K.s über die mannigfachsten Fragen und Dinge des menschlichen Lebens in tagebuchartiger Form. Ein Sachregister dient dem praktischen Gebrauch.

Das Buch bietet zugleich Raum für eigene tägliche Aufzeichnungen, oder für Eintragung von Gedenktagen.

Ch. Kingsley: Römer und Germanen.
Vorträge, geh. an der Universität Cambridge.
Mit Vorrede von **Max Müller**. Autoris. Übersetzung nach der 9. Auflage des engl. Originals von M. Baumann.
1895. 4 Mk. In Geschenkband 5 Mk.

Das Jahrhunderte lange Ringen der germ. Stämme gegen Rom wird hier in ungemein ergreifender und anregender Weise geschildert. Die christliche Welt 1896 Nr. 30 schreibt: „Kingsley ist auch in diesen Vorträgen ein Prophet, der die Menschheit auf ihrem Wege vorwärts drängen will. Er schließt sich Carlyle an, dem die persönliche Tugend, aus der sich die öffentliche Tugend entwickelt, die erste und einzige Ursache nationaler Wohlfahrt ist. Wie die Propheten der Hebräer will er aus der Vergangenheit die wenigen sittlichen Gesetze alles Geschehens herausheben" u. s. w.

Verlag von **Vandenhoeck & Ruprecht** in **Göttingen.**

Soeben sind in 2. verbesserter Auflage erschienen:

Die Psalmen

übersetzt und erklärt von **Prof. D. Fr. Baethgen.**

Geh. 8 Mk., geb. 9 M. 60 Pf.

Baethgen's Psalmen bilden den 2. Band der 2. Abteilung des

Handkommentars zum Alten Testament,

in Verbindung mit anderen Fachgelehrten hrsg. v. Prof. D. W. Nowack.
Ausführliche Prospekte über den Handkommentar zum A. T. postfrei.

Die Kernfragen des Christentums.

Ein Wegweiser zum Glauben von **Ewald Schneider.**

1896. Preis M. 3,20, gebunden M. 3,80.

Prot. Kirchenbote f. Elsaß-L. 1896, No. 49 . . . . . „Das Gebiet der christlichen Glaubenslehre, das ich so oft zu durchwandeln berufen bin, erschien mir hier so seltsam durchlichtet, daß ich, ab und zu, stille stand, voller Freude über die neue Beleuchtung der alten Wahrheit. . . . Das Buch soll namentlich jüngeren Theologen dienen, denen die theol. Wissenschaft so vielfach angesichts der Glaubensforderungen seitens der Kirche Gewissensbedenken bereitet, wird aber auch den Geistlichen willkommen sein, die einem religiös indifferenten, gebildeten Laienpublikum gegenüberstehen. **Dem Laien,** der hin und her von den klaffenden Gegensätzen der Theologie gehört hat, wird und kann dieser Wegweiser **helfen, daß er durch die Theologie nicht den Glauben verliere."**

F. W. Robertson:

Reden über die Korintherbriefe.

Nach der 11. Auflage des Originals übersetzt.

Mit einer Einleitung von Prof. **D. P. Drews** in Jena.

Preis M. 4,80, schön geb. M. 5,80.

Ein Buch ohne Gleichen in unsrer Litteratur. Nicht im erbaulichen Ton geschrieben, **voll von schärfster Erfassung ebenso der urchristlichen, wie der modernen Lebensprobleme,** packt es jeden Denkenden. Kaum je ist ein Buch von allen theologischen Richtungen so einmütig gepriesen worden.
Robertson's meisterhafte, echt geschichtliche Betrachtungsweise der Lebensprobleme und Geisteskämpfe der Gemeinde von Korinth zur Zeit Pauli zeigt sich wunderbar wirksam, dem modernen Menschen die hl. Schrift wieder nahe zu bringen, **weil er mit Leichtigkeit die Parallelen zwischen jener Zeit und den Strömungen der Gegenwart auf kirchlichem, sozialem und politischem Gebiete zu verfolgen weiß,** wobei stets ein überraschend klärendes Licht auf seinen Gegenstand fällt.